本书为2022年湖南省教育科学“十四五”规划课题“人工智能背景下高职传媒类专业‘课程思政’创新路径研究”(课题编号: XJK22CZY016)的研究成果

# 人工智能时代下的广告变革与趋势研究

朱洲　廖艳琼　曾理◎著

CTS K 湖南科学技术出版社 · 长沙

**图书在版编目（CIP）数据**

人工智能时代下的广告变革与趋势研究 / 朱洲，廖艳琼，曾理著. — 长沙 : 湖南科学技术出版社，2023.10
ISBN 978-7-5710-2530-4

Ⅰ. ①人… Ⅱ. ①朱… ②廖… ③曾… Ⅲ. ①人工智能—应用—广告业—产业发展—研究 Ⅳ. ①F713.8-39

中国国家版本馆CIP数据核字(2023)第194609号

人工智能时代下的广告变革与趋势研究

著　　者：朱　洲　廖艳琼　曾　理
出 版 人：潘晓山
责任编辑：缪峥嵘
出版发行：湖南科学技术出版社
社　　址：长沙市芙蓉中路一段416号泊富国际金融中心
网　　址：http://www.hnstp.com
湖南科学技术出版社天猫旗舰店网址：
　　　　http://hnkjcbs.tmall.com
邮购联系：0731-84375808
印　　刷：湖南省汇昌印务有限公司
　　　　（印装质量问题请直接与本厂联系）
厂　　址：长沙市望城区丁字湾街道兴城社区
邮　　编：410299
版　　次：2023年10月第1版
印　　次：2023年10月第1次印刷
开　　本：710mm×1000mm　1/16
印　　张：13.5
字　　数：180千字
书　　号：ISBN 978-7-5710-2530-4
定　　价：78.00元

# 前言

随着科技的不断发展和人工智能的日趋成熟，人工智能已广泛应用于广告领域。在传统广告中运用人工智能是广告行业发展的新方向。目前，人工智能给广告产业的智能化升级带来了新的发展机遇，通过人工智能的协助，广告变得更加智能化的同时，智能化广告又推动了营销模式的更新，如自然语言处理技术、机器学习技术、深度学习技术以及视觉识别技术等，可提高广告行业投放转化率，促进广告内容创意的不断更新，满足用户消费的个性化需求。

2017 年国务院发布了《新一代人工智能发展规划》，将人工智能放在国家战略层面进行部署。随着人工智能的快速进步，人工智能已与各个领域密切融合，中国互联网广告在 2020 年的年收入高达 4 971.61 亿元（不包含港澳台地区）。营销机构通过人工智能的帮助，可以生产高度定制的、靠近顾客情景的广告内容。

本书从不同角度对人工智能引起广告行业的变革进行了详细的探析和阐释，并展望其发展趋势。本书一共分为五章，第一章概述了人工智能时代下，广告因数字化和个性化趋势迎来深刻变革，并面临数据隐私与个性化平衡等挑战的现实；第二章从广告营销、广告创意、广告监测与优化等角度分别阐述人工智能对广告行业的影响；第三章从法治意识和社会责任层面，深入研究了人工智能在广告传播中产生的伦理问题的原因及解决方案；第四章在广告投放、广告创意、广告推荐系统、广告营销、与区块链的结合等方面对人工智能驱动下的广告变革进行了陈述；第五章对人工智能的发展趋势与广告行业面临的挑战进行了展望。

本书在深入分析人工智能对广告生产、消费、营销等商业模式的影响的同时，探讨了人工智能在广告产业中提高传播效率和提升用户体验等方面发挥的作用。作为湖南省教育科学“十四五”规划课题“人工智能背景下高职传媒类专业‘课程思政’创新路径”研究的成果，本书兼具学术价值和实用价值，不仅丰富了传媒类专业的“课程思政”教学内容，还引导学生和从业人员深入了解并参与到人工智能时代下广告伦理和社会责任的话题中。这对于促进传媒类专业的教学实践，提高广告从业人员的专业素养，并推动广告行业的健康发展具有积极意义，可供广告从业人员和教学机构学习参考。

湖南大众传媒职业技术学院　朱洲　廖艳琼　曾理

2023 年 10 月

# CONTENTS 目录

## 第四章　人工智能驱动下的广告变革趋势



## 第五章　人工智能的发展趋势与广告行业的新挑战

# 第一章　人工智能与广告变革概述

## 第一节　人工智能的发展与应用

### 一、人工智能概述

人们最先认识到人工智能是 2016 年阿尔法狗与人类的惊世对局。在观看围棋比赛时，人们可以发挥自己的想象力，将阿尔法狗或与人工智能相似的事物想象成科幻电影中具有人类意识和智慧、能够与人类交流沟通并且与人类外貌类似的人形机器人。如果想真正了解和认知人工智能，人类首先要面对一个令人难以置信的事实：人工智能已经来临，并且就在我们周围，可以说是无所不在。21 世纪是人工智能迅速发展的新时代，在信息技术如此快速发展的今天，可以将人工智能的学派分为行为主义、符号主义以及联合主义三个主义。随着每种主义的各自进步，三种主义逐步统一。在多种学科的交叉发展和研发过程中，人工智能必定会打响智能技术变革的第一枪，朝着人机共同解决困难的新纪元前进。

人工智能将改变人类生活的方式，并产生方方面面的影响。比如，光网络规划与优化早已发展成为一个有高度计算需求的科学领域。在人工智能家喻户晓之前，光网络规划与优化就开始使用一些算法，例如遗传算法和蚁群算法等。所以人工智能必定能被运用到多维光网络规划与优化中，并能为其提供更智能、更高效的解决方案，提高网络性能和资源利用效率。本章将详细介绍人工智能，并探索人工智能在光网络规划与优化中的运用。

（一）人工智能的概念

计算机科学包括人工智能，让计算机能够像人类智能一样拥有学习和思索的功能，计算机就可以替代人类完成许多工作。

从本质上讲，研发人工智能的主要目标是探究、认识、理解和熟练掌握人类智能的本质，进而使计算机可以对人类智慧进行模拟，最终产生一套完整的体系，使人工智能与人类的智慧差不多。人工智能不可能完全取代人类智慧，但是人工智能通过对人类思维的学习和模拟，在某些方面甚至可以比人类做得更好。虽然人工智能具有巨大的发展潜力，但是要想用好人工智能就要学习很多学科的知识，并且这些知识相当复杂。此外，对人工智能的研究还包括很多方面，例如学习机器、智能操控、专家体系、图像识别以及图像和语音理解等方面。

目前，人类对人工智能研究不断深入，人工智能迅速发展，进而与人工智能有关的原理和技术也在不断完善，特别是云计算和大数据等技术。随着人工智能的发展壮大，它所应用的领域也在逐渐增多，对此可以进行大胆猜想：人工智能在未来能够概括人类的全部智慧，通过模仿人类的思维以及意识形态，人工智能能够像人一样思索，甚至超越人类。

人工智能由很多领域构成，要想真正掌握这门技术，就要熟练应用很多知识，虽然机器能够代替一些复杂工作，但是随着科学技术的不断发展，不同时期、不同行业对“复杂工作”都有着不同的解释。

（二）人工智能的发展

历史上，人类梦想发明各种机械工具和动力机器，这些机械工具和动力机器可以协助人们完成一些体力劳动，极大减轻了人类的劳苦。第一次工业革命，瓦特发明的蒸汽机开启了这个时代的新纪元，那是人类第一次使用机器动力来代替劳作。此后，显著减轻体力劳动的生产过程自动化才成为可能。

自此以后，人们盼望能制造出智能工具的愿望越来越强烈。20 世纪 40 年代，计算机开始问世，20 世纪 50 年代，人工智能出现了，人们不再执着让机器代替体力劳动，人类的梦想登上了一个新台阶，这开辟了人工智能代替人类从事脑力劳动的新纪元。此后，显著减轻脑力劳动的生产过程智能化才成为可能。

2016年3月，似乎人人都在谈论人工智能。阿尔法狗（AlphaGo）与世界围棋冠军李世石的一盘棋将普通人一下子带入科技最前沿。纵观人工智能发展史，人机对弈只是人工智能在公众心目中的地位起起落落的一个缩影。对于人工智能的技术研发者而言，选择人机对弈作为算法的突破口，一方面是因为棋类游戏代表着一大类典型的、有清晰定义和规则、容易评估效果的智能问题；另一方面也是因为具备一定复杂性的棋类游戏通常都会被公众视为人类智慧的代表，一旦突破了人机对弈算法，也就意味着突破了公众对人工智能这项新技术的接受门槛。

人工智能的发展经历了三个阶段。

第一阶段为20世纪50—60年代，电子计算机的诞生促进了人工智能的发展，人工智能在各大学的实验室里崭露头角。以艾伦·图灵（Alan Turing）提出图灵测试为标志，数学证明系统、知识推理系统、专家系统等里程碑式的技术和应用一下子在研究者中掀起了第一波人工智能热潮。但在那个年代，无论是计算机的运算速度还是相关的程序设计与算法理论，都远不足以支撑人工智能发展的需要。例如，计算机科学和人工智能的先驱艾伦·图灵就曾在1951年发表过一份写在纸上的象棋程序，可惜当年的计算机难以实现这样复杂的运算。这就像探险家发现新大陆一样，第一次踏足新大陆和真正让新大陆蓬勃发展起来是根本不同的两件事。于是，从20世纪60年代末开始，无论是专业研究者还是普通公众，大家对人工智能的热情迅速消退。

第二阶段为20世纪70—80年代，提出了专家系统，基于人工神经网络的算法研究发展迅速，随着半导体技术和计算硬件能力的逐步提高，人工智能逐渐开始突破，分布式网络降低了人工智能的计算成本。

第三阶段自20世纪末以来，尤其是2006年开始进入了重视数据、自主学习的认知智能时代。深度学习被提出，随着移动互联网发展，人工智能应用场景开始增多，深度学习算法在语音和视觉识别上实现突破，同时人工智能商业化高速发展。传统的基于符号主义学派的技术被研究者抛弃在一边，基于统计模型的技术悄然兴起，并在语音识别、机器翻译等领域取得了不俗的进展，人工神经网络也在模式识别等应用领域开始有所建树，再加上 1997 年深蓝计算机战胜人类棋王卡斯帕罗夫，普通人的积极性一度高涨起来。

随着后移动时代来临，互联网发展红利逐步消失，全球互联网科技巨头均积极布局人工智能战略，谋划云端人工智能服务生态系统。2012—2015 年，在代表计算机智能图像识别最前沿发展水平的 ILSVRC 竞赛中，参演的人工智能算法在识别准确率上突飞猛进。2014 年，在识别图片中的人、动物、车辆或其他常见对象时，基于深度学习的计算机程序超过了普通人类的肉眼识别准确率。Apple 公司 2017 年 5 月收购了人工智能公司 Lattice Data，使用人工智能推理引擎处理非结构化的数据，将其变为结构化的数据。谷歌 2014 年收购了 DeepMind，致力于开发能够“独立思考”的软件，2016 年 10 月宣布其发展战略从移动先行（Mobile First）转向人工智能先行（AI First）。Facebook 组建了顶级研究实验室和应用机器学习小组，在很多产品上都采用了人工智能。2016 年 9 月，Alphabet、IBM、Facebook、亚马逊和微软等公司宣布组成人工智能联盟（PAI），2017 年 1 月，苹果公司加入该联盟。

在我国，人工智能也是循序渐进式发展。1981 年中国人工智能学会在长沙艰难成立，其后长期得不到国内科技界的认同，只能挂靠在中国社会科学院哲学研究所，直到 2004 年，才得以“认祖归宗”，挂靠到中国科学技术协会。1985 年以前，人工智能在西方国家得到重视和发展，而在苏联却受到批判；曾经人工智能也与“特异功能”一起受到质疑，人工智能学科群专著不能公开出版；1986 年清华大学校务委员会经过三次讨论后，决定同意在清华大学出版社出版人工智能著作，我国首部人工智能、机器人学和智能控制著作分别于 1987 年、1988 年和 1990 年在清华大学出版社、中南工业大学出版社和电子工业出版社问世。

紧接着，面对人工智能的机遇和挑战，中国的一些公司对人工智能开始重视起来。在这当中，百度对技术的嗅觉最为灵敏，它布局人工智能的时间相对较早。2013 年，百度成立了深度学习研究院，这个举措意义重大，因为它是全球第一家以深度学习命名的研究院。2016 年，百度发布了人工智能平台级解决方案“天智”，实现了全方位融合人类智能、智能大数据、智能多媒体和智能物联网的智能平台。腾讯 2016 年成立了人工智能实验室，专注于自然语言处理、机器学习、语音识别、计算机视觉等人工智能核心领域，布局内容、社交、游戏和平台工具四大场景。阿里巴巴面向人工智能的布局聚焦于 ET 医疗大脑、ET 工业大脑和机器学习平台 PAI 2.0。美团利用大数据分析技术，在不到 50 毫秒的时间内计算出最高效的送货路线。国内最大的打车应用滴滴出行也致力于深度学习、人机交互、计算机视觉和智能驾驶技术，公司平均每天处理超过 2 000 万的订单，路由请求超过 200 亿次。科大讯飞专注于语音和语言识别，拥有中国智能语音行业最大的市场份额。海康威视将人工智能应用于安防领域，包括智能摄像机、智能交通产品、智能人脸分析服务器等。

（三）人工智能的核心

1. 数据的深度挖掘

人工智能中的机器学习常被广泛应用在挖掘深层信息方面，并能够清楚显示出信息间的关系。如今，对于神经网络的深入学习已经越来越普遍，它的内在优势也在逐渐显露，例如反馈和调节多层深度能力、分布式计算能力等，这些功能都可以在解析和计算大量数据时起到重要的作用，并可以通过数据训练完成模型分析，同时还具备自主学习的功能，它已经被普遍运用于与智能相关的数据搜寻。

2. 数据的专业化处理

大量、精确、高品质的数据为人工智能训练供应了原材料。以大数据为背景，人工智能发展迅速，数据处理变得越来越有必要，同时数据为人工智能变为现实以及人工智能运用的实现提供了保障。所以，怎样获得和处理大量数据以得到人工智能基本数据就成为当前的两大挑战。除此之外，人工智能的核心挑战在于应对怎样将无结构的数据处理为机器可识别的有意义的数据这一问题，并以此达到数据服务“品质”“数量”和“速度”的要求。如今的人工智能就是一种算法，一种处理数据的方式，即人工智能深入学习并高效处理数据，然后输出新数据。经数据分析获取的知识能够解决经济、法律以及咨询等方面的难题。从物联网、传感器等平台得到大量数据，经人工智能处理后，运用汽车、机器人等工具，应用于工业领域和社会的各个方面。此外，仅仅考虑到人工智能，它的用途是非常有限的，只有和生成、处理以及运用数据的方法有效联合起来，才能真正发挥出人工智能的功能。

3. 人机交互

人机交互中，最重要的应用技术之一是模式识别技术和机器学习。通过模拟人类行为，机器人能够提升工作效能，使其在国际技术领域中成为先进智能化科技发展的代表。明确定义人类的感知模式，并逐渐将计算机应用取代人类是人工智能研发的目标之一，也是模式识别研究的重要方向之一。通过计算机系统模拟人类感觉器官，实现对外部环境的感知。

4. 人工智能的技术体系

人工智能主要体现在计算智能、感知智能、认知智能三个方面。计算智能即机器智能化存储及运算的能力；感知智能即具有如同人类“听、说、看、认”的能力，主要涉及语音合成、语音识别、图像识别、多语种语音处理等技术；认知智能即具有“理解、思考”能力，广泛应用于教育评测、知识服务、智能客服、机器翻译等领域。人工智能领域的技术主要包括机器人、语音识别、图像识别、自然语言处理和专家系统等。

数据资源、计算能力、核心算法是推动人工智能发展的三大关键要素，驱使人工智能从计算智能向更高层的感知、认知智能发展，推动通用技术发展及人工智能产品大规模应用。随着人工智能的发展，人工智能研究发展迅速。结合人工智能的发展及研究，人工智能体系可概括为机器学习、自然语言处理、图像识别以及人机交互四大模块，如表 1-1 所示。

**表 1-1 人工智能的技术体系**

| 名称 | 描述 |
| --- | --- |
| 机器学习 | 监督学习（分类任务、回归任务）、无监督学习、迁移学习、强化学习 |
| 自然语言处理 | 数据分析与平滑、汉字编码词法分析、句法分析、语义分析、文本生成语音识别 |
| 图像识别 | 特征抽取和选择、分类器设计、分类决策、神经网络图像识别、非线性降维 |
| 人机交互 | 交互界面设计、增强现实、地理空间跟踪技术、动作识别技术、触觉交互技术、语音识别技术、眼动跟踪技术、人机界面技术 |

（1）机器学习

计算机通过对已有大量数据进行解析和学习，进而具备预判和做出最优决策的功能，这就是机器学习。机器学习的典型运算方法有人工神经网络算法、增强运算方法、深度学习算法以及决策树等。人工智能的核心技术就是机器学习，人工智能的发展离不开算法的助力。目前，应用最广泛的算法为多层网络神经深度算法，该算法使得从大量数据中分析整理出数据特点的功能大幅提升，也提高了多层特点获取、刻画以及还原的功能。深度学习历经了感知机器、神经网络、深度学习的发展时期。与简单学习相比，深度学习算法是传统神经网络算法的延伸，通过对某种深度、非线性网络构造的学习，表明输入数据向着复杂函数靠近，拥有从少量样本中学习分析数据和其本质特点的强大功能。

（2）自然语言处理技术

自然语言处理技术是指把人类语言转化为计算机可以处理的数据，或者通过计算机将数据转化为人类语言的形式，以使计算机具有理解人类自然语言、语音和以文本作为语言形式的能力。自然语言处理技术研究的主要方向是将语言学、数学和计算机科学等多个学科融合，旨在实现计算机系统对自然语言进行理解并进行交流。该技术体系包含信息采集、信息提取、词性注释、句法解析、语法分析、语音识别以及语种互译等技术。

（3）图像识别技术

计算机通过对图像识别技术的运用，可以具备人类的视觉能力，可以对大量图像或数据进行收集、解析、处置并理解，包含图形获取、图形筛选、图形调整和获取特点等。在模拟人脑神经元多层深度传递来解决复杂问题的信息交互处置过程中，因为传统计算机自身结构的约束，使其计算功能不能快速提高。此外，芯片计算需要消耗大量能量，人工智能行业的数据多且杂，故老旧的数据处理技术很难达到高强度、同时处理多种数据的要求。目前，云计算技术的发展和超级计算机的产生极大地推动了人工智能的发展和进步。人工智能其中一个重要的研究方向是顺应网络神经运算方法的 NPU、FPGA 等芯片以及它们怎样与计算机芯片体系高效融合。

（4）人机交互技术

该技术指的是用户和计算机体系能够借助人机交互界面展开交流，计算机能够通过输出装备或显示页面为客户供应大量提示和请求消息等，客户借助输入装备向计算机输入相关讯息、答复问题，最终实现互动过程。人机交互技术包括交互页面策划、计算机图像学以及加强现实等技术。目前，在对用户界面的研发过程中，发展得最迅速的一个技术就是人机交互技术。如今，大量产品和相关技术已经出现，例如显示器、可以任意折叠的显示屏、多触点式触屏技术、手写文字识别体系和以传感器为基础捕获用户意愿的隐藏输入技术等。

## 二、新一代人工智能的进步

随着物联网的普及、传感器的泛在化、云计算的支撑、大数据的涌现、电子商务的发展、信息社区的兴起，数据和知识在人类社会、物理空间和信息空间之间交叉融合、相互作用，人工智能发展所处的信息环境和数据基础发生了深刻的变化，人类社会与物理世界的二元结构正在进阶到人类社会、信息空间和物理世界的三元结构，人与人、机器与机器、人与机器的交流互动越加频繁。人工智能发展所处的信息环境和数据基础发生了深刻变化，海量化的数据、持续提升的运算力、不断优化的算法模型、结合多种场景的新应用已构成相对完整的闭环，成为推动新一代人工智能发展的四大要素。可以说，这一波的人工智能是最接近人类大脑活动的智能，因为它体现了人的自学习性和自成长性，而弱化了理论性、逻辑性。

人们通常把2016年以深度学习为代表的人工智能作为新一代人工智能。新一代人工智能具有深度学习、跨界融合、人机协同、群智开放和自主智能的特点。与此同时，人工智能的目标和理念出现重要调整，科学基础和实现载体取得新的突破，类脑计算、深度学习、强化学习等一系列技术的萌芽也预示着内在动力的成长，人工智能的发展已经进入一个新的阶段。算法、数据和计算能力（以下简称“算力”）构成了新一代人工智能的发展基石。

### （一）基于大数据驱动的人工智能

近几年来，随着互联网、移动装备、社交媒体以及无线传感设备的广泛普及，全世界产生并保存了海量的数据，且还在不断增加，这为借助深度学习来练习人工智能提供了前提条件。如今，全球数据的增长方式为指数增长，到2020年底，全球数据总量已超过40ZB，其中我国创造的数据量大约是世界数据量的五分之一，而且数据增长速度持续加快。大量的数据将会提供接连不断的材料和不断增加的动力给人工智能算法模型。人工智能正处在从监督学习向自主学习转化的晋级阶段，从各行各业的大量数据中积攒经验、找到规律、不断改进、持续提高并更加智能。通过充足的数据训练集增加了人工智能在更多领域中运用的可能性。

（二）基于专用芯片的并行计算

如今，只要是人工智能可以涉及的范畴都是大量数据汇集的范畴，以往落后的数据处理技术已经不能达到高频率、复杂程度高、强度高的处理要求。人工智能芯片的发明使深层神经网络的练习更替速度加快，这明显加快了处理大量数据的效率，对人工智能行业的进步起到了重要的推动作用。CPU 在 2010 年以后得到广泛普及，这使得计算机的运算功能得到进一步提升，之后也创造出 GPU、TPU、NPU 等多种多样的专用芯片。传统的 CPU 芯片有着比较繁杂的逻辑和中断等设计模型，与之相比，NPU 专用芯片大多运用“数据驱动并行计算”结构，善于处理图片类和视频类的大量数据，拥有更快的执行运算速度，同时还具备更完善的运算能力、更低的成本以及更低的能耗。由于 FPGA 和 ASIC 芯片的问世和发展，计算机的算力将在 2020 年之后得到进一步提高，会创造出一批以量子计算芯片、类脑计算芯片和定制芯片为基础的计算机，每秒能够进行无数次的运算。

（三）以深度学习为基础的智能算法

计算能力的提升和数据规模的增长，使得深度学习算法、强化学习算法发展起来。这些算法被广泛地应用到计算机视觉、语音识别、自然语言处理等领域并取得了丰硕的成果。技术适用的领域大大拓展，从而越来越多复杂和动态的场景的需求得到了满足。2006 年，加拿大多伦多大学教授杰弗里·辛顿（Geoffrey Hinton）提出了深度学习的概念，加速发展了人工神经网络算法，提高了机器自学习的能力，例如谷歌大脑（Google Brain）团队在 2012 年通过使用深度学习技术，成功地让计算机从视频中“认出”了一只猫。随着算法模型的重要性进一步凸显，全球科技巨头纷纷加大了这方面布局的力度和投入。通过成立实验室、开源算法框架、打造生态体系等方式推动算法模型的优化和创新。目前，深度学习等算法已经广泛应用在自然语言处理、语音处理以及计算机视觉等领域，并在某些特定领域取得了突破性进展，从监督学习演化为半监督学习、无监督学习。

（四）具有良好的商业驱动模式

当前，在技术突破和应用需求的双重驱动下，人工智能已走出实验室，加速向产业各个领域渗透，产业化水平大幅提升。在此过程中，资本作为产业发展的加速器发挥了重要的作用，一方面，跨国科技巨头以资本为杠杆，展开投资并购活动，得以不断完善产业链布局；另一方面，各类资本对初创型企业的支持使得优秀的技术型公司迅速脱颖而出。

目前，人工智能已在智能机器人、无人机、金融、医疗、安防、驾驶、搜索、教育等领域得到了较为广泛的应用。据智研咨询发布的《2018—2024 年中国人工智能行业市场深度调研及未来发展趋势报告》的数据显示，全球人工智能市场规模在 2015—2025 年将保持平均 50.7% 的复合增速，2015 年全球人工智能市场规模达到 1 684 亿元，2018 年达到了 2 697 亿元，复合增长率达到 17%。2020 年全球人工智能市场规模达到 6 800 亿元，形成千亿美元级别市场。

## 第二节　广告变革的背景和趋势

### 一、广告变革的背景

（一）数字化智能广告的兴起

过去 20 年，数字营销的蓬勃发展成为营销领域中最显著的变革。数字营销的营销方法是通过电脑在线交流、互联网以及数字交互式媒体来达到营销目的。数字营销是一种技术方法的革新，同时还包括了更深层次的组织革新和观念革新。数字营销给营销带来了新的内涵，它的主要作用有信息交换、网络购物、线上出版、电子货币、网上支付、网络广告、企业公关等，数字营销是数字经济时代公司或企业的重要营销手段和发展方向。

依据 MAGNA 公布的相关报告可知，近几年全球广告行业的盈利一直在不断增加，到 2019 年网上广告主收入增加了 5.2%，高达 5 950 亿美元。数字营销市场收入占到 3 000 亿美元，超过了一半的市场，其发展速度持续上升。对 CTR 调研报告进行分析，得知目前中国广告的市场规模也在不断增大，2018 年，我国广告行业的经营额约为 8 000 亿元，数字广告行业的经营额约为 3 694 亿元，数字广告也称为网络广告、互联网广告。

将互联网比作一枚硬币，硬币的正面就是门户网站、社交媒体、电商以及搜索引擎等一些已经对我们的生活提供改变的服务，硬币的反面则是网络广告。硬币正面借助良好的服务获取大量流量，硬币反面则借助网络广告将流量变现。

网络广告的发展历程包括下述四个阶段。

阶段一：门户为王，此阶段为 1994—2002 年。1994 年，Hotwired. com 网站的横幅广告是第一支数字广告。在 1998—2002 年（门户网站的黄金时代），这一时期的广告主要是吸引流量和博得观众的眼球。门户网站的黄金时代是 2000 年前后，新浪微博、网易以及搜狐视频是我国当时的三大门户，与如今 BAT 的地位一样，如火如荼，占据了网络广告的大部分预算。国外也有 Yahoo、CNBC 等网站，与中国的这些网站类似。

阶段二：搜索、广告展示以及网盟推广，此阶段为 2003—2011 年。谷歌在 2002 年推出付费搜索项目，使用点击计费法和第二竞价法则。第二竞价法则的主要目的就是激励广告商给出真正想给的价格，不可以恶意抬高价格。效果营销最终借助搜索广告得到利润，长尾广告有着明显的优势。这一阶段，欢快多变的广告形式迅速发展，传统媒体的广告预算渐渐偏向数字广告。此时，各种各样的网络广告技术接连登场，其中含有网盟推广和程序化广告等。网盟推广是一个极具商业价值的模式，它可以借助联合流量和广告商的资源来增加商业变现的速度，减少变现时间。通过借鉴谷歌 Adsense 模式，百度网盟得以迅速发展扩大。在这种商业模式中，广告商的选择增加，选择难度加大，例如媒体资源的选择、收费形式的选择以及流量品质的选择等。这使得移动广告和程序化广告进入新时代。

阶段三：移动广告、程序化广告、社交广告，此阶段为 2012—2018 年。随着科技的迅速发展，智能手机的数量在 2011 年后快速上升，移动生态变得更完备，移动设备吸引了人们的注意。由互联网信息中心颁布的研究报告可知，我国移动广告市场份额在 2019 年约占网络广告市场的 74%。我国的移动广告生态比较完善。最火热的移动广告形式是 OTT 和信息流广告。随着社交软件的流行，社交广告也逐渐增加。提高广告生态效率是程序化广告的内涵。谷歌公司在 2011 年发布的“双击广告交换”模式在我国应用，阿里集团推出了 Tanx 广告投放服务平台之后，各种各样程序化广告的相应生态逐渐完备，包含需求方管控平台（DSP）、供应方管控平台（SSP）、广告交易平台以及数据管控平台等；各式各样的广告交易形式也顺应时机而产生，例如公有竞价、私有竞价、头部竞价以及程序化保量等模式。

阶段四：人工智能、视频广告以及交互体验，此阶段为 2019 年以后。近几年来，视频广告大量地涌现出来，表达的视频内容也得到了许多品牌商的认同。视频广告是时代的产物，也顺应了时代的发展潮流。未来十年，预计大多数人的生活方式和商业服务模式都会受到人工智能和 5G 的深刻影响。在未来，一个人每天接触最多的决策伴侣或许是智能个人助理。在智能个人助理还没有问世之前，人们要通过访问各大搜索网站再辨别数据和信息的真伪，而在未来，智能个人助理将会使用更合理、更高效的方法来协助人们处理数据和制定决策。此外，在经历多个低谷后，VR/AR 将会以更加实际有用的方式重新进入人类的视野。

大规模的个性化广告将是未来的广告模式，当广告总预算不变时，同样的广告费可以更精准地覆盖客户群体，供应更良好的交互体验，此外，全社会的生活模式也将更加多姿多彩，每个人都有自己的生存方式，都活在自己的小世界里，每个人都有自己独特的获取信息的接触点和方法。以往“一招鲜”的经营手段将被摒弃，要越来越重视细致化营销手段，在产品营销中，人工智能也将发挥出更加关键的作用。

（二）消费者行为的变化

通过学者的研究、市场研究机构的市场调查以及企业的实际运营经验都可以得出结论，即消费者行为不是一成不变的，众多的因素都会导致消费者群体或个体在消费观念、消费水平、消费习惯、消费方式等方面发生部分甚至根本的变化。

美国知名学者霍金斯在专著《消费者行为学》一书中，将消费者行为归纳成为一个模型。从该模型可以看出经济、文化、心理学等多方面因素影响着消费者的行为。当然，这些方面的变化也必然影响消费者的消费观念和消费行为。霍金斯在书中花费大量篇幅研究有哪些因素长期影响着消费者行为，他认为文化因素有着巨大的影响力。

另一位研究消费者行为学的美国著名学者迈克尔·所罗门在其享誉学界的著作《消费者行为学》第10版中，强调“数字革命”是影响消费者消费行为最重大的事件之一。影响消费者行为的因素有多种，有内在因素和外在因素。而霍金斯与所罗门等学者将文化因素影响消费者行为作为重点论述是非常有洞见的，尤其是在互联网经济环境下，互联网形成的互联网文化，特别是社交媒体形成的文化影响力是空前的。所罗门称之为“横向革命”，即“在某种程度上以社会化媒体的普及为标志。以技术性和流动性武装起来的人、社区和组织组成相互联系和相互依赖的网络，社会化媒体就是在这样的网络中通过在线交流、传送、协作建立关系的营销手段。”经济因素、人文因素固然能够带给消费者巨大的影响，但从我国消费者群体角度来讲，进入互联网时代以来，全世界文化的融合、东西方文化的相互冲击、西方文化和所谓日韩流行风借助互联网的快速发展都深刻地影响着我国消费者的行为，特别是当前消费者的主力人群——我国的“80后”“90后”消费人群。

《来自星星的你》如同其他韩剧和日剧一样，以文化产品的形式积极地影响着我国的年轻一代消费者，这是只有在互联网时代才能够产生的效果，在20世纪90年代以前是无法想象的。当然那个时代也有疯狂的看剧人群，日本电视剧《血凝》、中国香港电视剧《上海滩》等播出时，风靡一时，但也只是一家人或一小群人聚在小小的电视荧幕前一睹为快，还要等待一周甚至更长的时间才能看到故事的进展。在互联网时代，相较于他们的父辈，韩剧迷、美剧迷和日本漫画迷们享受着无比的幸福。他们可以突破时间和空间的限制，通过互联网将目光锁定在网络电视或电脑屏幕上，等待着喜爱的节目播出。即便一次错过了，也不必过于焦虑，因为随时都能通过电脑观看重播。精明的商家还开发了手机专业软件，供他们专门追剧使用。2014年4月2日，QQ浏览器发布了手机QQ浏览器5.1视频播放，大幅升级播放功能，并从“找、看、下”三个阶段优化用户体验，令用户使用QQ浏览器即可一站式观看各大网站的独播剧目，并获得更好的观影体验。众多视频网站广泛应用大数据技术对注册用户进行了针对性的应用开发，帮用户选片、给用户推荐剧目、利用云技术帮助用户云播放或云储存等，极大地满足了用户的各方面观看需求。当然，用户看剧时剧前、剧中的企业广告纷至沓来，从这方面又持续影响了观众的消费行为。

互联网时代的消费者与20世纪90年代以前的消费者相比，更大的不同在于，过去的消费者（严格意义上讲只是观众，不是消费者）在剧中看到新鲜产品，只能在想象中发挥超凡的手工技巧，模仿出所谓的“幸子衫”“三浦友和毛衣”，而当今的消费者在剧中看到明星使用心仪的品牌或产品，可能第二天就可以在淘宝网，甚至该品牌在国内开设的旗舰店中买到，真得让“60后”“70后”消费者羡慕不已。

为什么网络文化能够对当代及未来的消费者造成影响呢？原因之一是互联网已经成为我们每个人生活中必不可少的一部

分，这也是由于网络消费文化的特性而导致的必然现象。关于网络消费文化的特征，暨南大学新闻与传播学院教授、博士生导师蒋建国在《论网络消费文化的特征》一文中有着比较系统的分析。蒋建国教授认为，随着电脑的普及，网络消费的“可得性”变得非常容易，任何拥有电脑的网民将电脑与宽带连接就可以进入一个充满奇异的空间。网络消费的受众基本上是排他性的，一台电脑的使用者一般是一个单独的个体，在网络消费过程中，参与者与交流者即使形成“群体”，但信息编码和解码者是以个体形象出现的。网络消费建构了个人世界，个体的高度自由使网络空间充满了无数的“声音”。个体的高度参与性是塑造网络文化多元性的前提。这种独立性的消费，使消费者在一定程度上摆脱了现实社会关系的干扰。在网络消费中，作为消费文化创造者的受众同时也是孤独的消费者。网络消费是一个自主性的消费过程，作为受众的消费者在信息接近权、消费主动权、消费话语权等方面享受极高的独立性。网络消费不仅仅是狭义上的网上购物行为，而且是宽泛意义上的网络信息消费。网络消费以电脑界面为窗口，打开的是一个新的世界，它会改变我们的文化类型、风格以及社会和我们的生存方式。网络消费摆脱了时间、空间的限制，作为消费者的网民被赋予了极大的自由，获得了传统媒体时代无法比拟的消费自主权。

由于网络与网民形成双向互动的关系，网络消费文化也表现出大众消费文化的特征。在网络世界中，没有性别、年龄、地位的区隔，网民身份上的匿名属性使他们获得了极大的消费自主权。在网络虚拟世界，意义的创造与消费没有等级上的划分。印刷时代的深度思维被网络消费的随意性所替代，“我思故我在”转变为“我上网故我在”。网络在使消费者获得平等话语权的同时，还使网络与网民形成了“共同体”。学者魏宏森、刘长洪则认为，网络文化“是一种由信息技术和网络技术以及依靠这些新技术形成的全新的社会基础结构带来的人类生产方式、生活方式、通信方式、工作方式、决策方式、管理方式等各方面的变革，进而引起思维方式和观念变革，引起社会文化发生结构性变革的新文化是一种融意识文化、行为文化与物质文化为一体的新文化”。

## 二、广告变革的趋势

### （一）数据驱动的智能广告

#### 1. 智能广告的概念

智能广告是一种品牌传播活动，这种活动的基础为数据驱动，宗旨为满足客户需求，借助人工智能促进广告内容的智能化生产加工、广泛传播、交流互动以及评价反馈，在运算模拟的智能规划和及时完善下，能够与客户生活情景精确匹配、个性化满足顾客生活中的需求。

智能广告形成和发展的两个核心驱动要素为技术和数据。智能广告基于数字化技术、数据化技术以及智能化技术等常用技术，借助流程化交易技术、人群定向技术及个性化推荐技术实现商品和客户的准确连接和对应。

#### 2. 智能广告的具体应用

综上所述，在广告行业中，人工智能在其运行程序的应用上具体表现为以自然语言理解为基础的消费者洞察、以智能推理为基础的广告策略分析、以智能学习为基础的广告内容创作、以智能推理为基础的广告智能推荐、以机器学习为基础的广告效果深度处理与数字广告监管。

（1）基于自然语言理解的消费者洞察

在传统的广告生产方式下，顾客的洞察是以小样本的调查和广告人积累的经验为依据，这种顾客洞察或许存在一定的误差，误差较大时致使广告策划失败。以自然语言理解为基础的顾客洞察可以将杂乱无章的大量顾客信息和数据进行整理处置，对顾客的信息进行全景式的认识、了解和判定，进而展现出真切的、生动的顾客信息。

（2）基于智能推理的广告策略分析

传统的广告生产方式是将广告理念、产品状况、顾客洞察三者相结合，并对此展开分析，进而判断广告策略。因信息的缺失、人力和精力的有限，广告策略多是依赖经验判定，最终制定适合多数人的形式单一、简单同质化的策略，做不到个性化。然而，在人工智能时代，可以依赖有关的广告理论、产品状况以及顾客洞察，依赖智能技术推理产生许多有针对性的、个性化的广告策划。

（3）基于智能学习的广告内容创作

在传统的广告生产方式下，主要是凭借广告人的创造性思维来创作广告，但是因自身思维的局限性，创造出的广告数量和内容组成都相对较少。利用智能学习中的机器学习方法，例如演绎学习和类比学习等，能够创造出多种多样的、可供选择的广告形式。

（4）基于智能推理的广告智能推荐

依据顾客的洞察与广告内容进行结合，与智能推理方式进行结合，进而为顾客推荐个性化广告。

（5）基于机器学习的广告效果深度处理与数字广告监管

传统的广告领域，广告效果应对是粗放的和直接的，在大数据时代海量的关于广告效果的信息也无法处理，在人工智能时代，则可利用数据挖掘工具，有效地追踪和研究消费者对广告效果的动态反应，并基于机器学习实现深度的个性化应对。在广告监管方面，网络广告的海量性给广告监管带来了巨大的困难，比如百度累计广告物料次数超过 30 亿，每日 4 500 万次，每小时 25% 的广告主更新物料。海量的网络广告超出了人力监管的能力，造成了网络虚假广告泛滥、违法广告丛生，严重扰乱了广告市场秩序。人工智能时代通过机器学习中的机械学习、监督学习及类比学习对虚假违法广告进行追踪并智能化处理。

3. 智能广告传播的伦理审视

（1）消费者洞察：数据主义思维加重了隐私担心

在人工智能时代，“无数据，不广告”的数据推动是广告传播的新发展阶段，与大数据技术进行有效结合，既可以获得用户的个人信息，例如年龄、地址、身份和从事的工作等数据，又可以深入发掘消费者的兴趣爱好、身份特点以及行为特点等个人数据，对用户进行深入细致的分析，为消费者贴上标签，进而实行精准化广告推送。

消费者个人信息数据是一种非常关键的商业财富，它可以为广告商创造大量的商业价值，在互联网上，因获利主体的不公平性，用户通常属于弱势群体，一些组织既留有客户首次登录时注册的有关信息，也可以在客户毫不知情的状况下将用户的相关信息数据进行发掘并使用，这已经对消费者的个人隐私造成了严重的侵害，例如脸书在2019年就被曝出用户数据泄露事件。除此之外，组织还承袭着数据主义理念，主张算法第一，任何事物都可以用数据衡量，提倡算法黑箱，把完成数据的最大化使用作为企业发展的最终目标，这使用户有被控制的风险，比如我国某个购物和旅行平台在2018年3月便开始逐渐发生“大数据杀熟”状况。

（2）机械化生成：程序化创意下广告艺术的异化

传统广告创作中的创意流程已经遭到了人工智能的“破坏”，例如由阿里巴巴创建的“鹿班”设计体系，既可以完成图形算法抠图，还可以经过机器学习培训，按照不同的产品、文本和内容主题开展线上形式的智能化创作和个性化播放。广告应该在科学技术和文化艺术的融合以及利益性和道德性的统一中获取生命力。即使人工智能能够借助大数据的力量完成大量创意作品的批量产出，但以艺术的形式向群众传达信息是广告的特殊功能。广告是一种文化，也是一种艺术创作，它能给群众提供精神上的美的满足，并促进群众审美能力和艺术鉴赏能力的提升。

精准化划分：根据消费者标签将消费者进行划分，这使用户阶级划分严重加剧。以大数据为基础创建精准广告，并借助大数据进行信息收集、定位受众群体、数据发掘，时刻获取和解析消费者个人数据，从而可以根据用户个人特点和需要推送有关广告，达到精准化的目标。科技算法使不同人之间的差别被放大，为每位消费者设置独特的标签，将用户按照人口统计学特点、行为特点以及环境特点等因子进行详细划分，寻求用户独特化、精准化，最后落实到每个人、每个人的行为习惯或个人爱好。人工智能算法是以消费者的浏览历史为基础，通过用户浏览的内容对其行动推荐标签，从而对消费者不断推送有关广告，最后消费者的广告界面就会极具个人风格特点。广告借助大数据为每位消费者打造了不同的生活风格和消费特点，顾客根据广告的指引来购买，并装饰自己的生活，生成自己独特的生活方式，形成不同的消费群体，最终造成了不同社会阶级的相向而立。

场景化配对：智能广告使公共领域随时受到引发的欲求的影响。以科技运算方法为基础的智能广告无时无刻不在利用着消费者的注意力，没有明确公共空间和私人空间的界限，智能广告还不能准确表达出严峻内容的价值。占领人们最多注意力的是消费主义文化，它导致社会群体的普遍无意识性，严重缺乏对社会事件的关注和讨论。比如，由智能算法推荐的原生广告将广告数据与娱乐、新闻等数据进行融合，这冲破了广告和新闻之间的限制，即使带有广告标志，但顾客通常很少将它与一般的新闻进行分辨，并且在信息流的推动下变成事实而存在，弱化了最初内容价值的关键作用。根据人工智能算法推荐的配对机制，广告是与顾客所处情景需求高度匹配的特殊化信息，其传播途径和传播力度之巨大，让人难以抵抗，主动陷入广告编制的完美牢笼中，造成不必要的消费欲求。

4. 智能广告传播的伦理规约

（1）人文主义导向

人工智能时代的广告传播要坚持人文主义导向，对算法的伦理隐忧进行规约，让营销的科学性和艺术性完美结合。例如可以利用大数据技术进行消费者洞察，但在决策环节，使用算法辅助决策，而不是将权力完全交给机器，要将人的主体性充分发挥出来，或者在算法决策的过程中，品牌应该始终保持人性化的触觉，而不是冰冷的“程序化创意”。

（2）深层次的沟通

品牌与消费者要建立深层次的沟通，并不能依靠算法的千人千面的定制化传播来实现，算法只是基于数据的唯一真实性叙述，算法驱动的品牌缺乏独特的身份和叙事。人本主义的价值就在于，它可以利用创造性的故事讲述和话题制造来创造亲和力和需求，每一个人都能基于主观的想象去解读出不同的故事内涵，从而实现艺术审美的差异化。更主要的是鼓励消费者参与到品牌的价值共创中，借助消费者生成创意，弥补程序化创意的不足，与消费者进行价值观的深层次沟通。

（二）个性化广告

个性化广告是网络广告中常见的广告形式之一，如在视频App观看电视剧间隙，会推送十几秒的VIP电影或电视剧片段，并且视频中会附上VIP会员的购买链接。对于广告行业而言，广告商可以利用大数据对消费者精准定位，收集消费者的信息，从而根据受众的偏好实现广告的精准投放。这种利用消费者消费信息数据精准预测消费者需求，从而制定符合消费者需求定位的广告被称为个性化广告。最早，学者Cao于2003年首先提出了个性化广告的定义，将个性化广告定义为：广告商根据用户的位置、目前的需求以及所使用的设备而创建针对性的广告活动。此后，Yu等（2009年）学者基于前人研究基础，提出个性化广告是利用个人信息所创建的广告。这些信息包括个人识别信息（比如个人邮箱地址、姓名及住址）、购物记录信息、网页浏览记录信息以及消费者对特定产品的偏好信息。Mariko Morimoto（2020年）的最新研究提出，个性化广告是基于消费者的人口统计数据和在社交平台上的在线行为而定制的商业信息。结合前述研究，本书将个性化广告定义为：基于消费者个人人口统计特征信息以及线上消费记录信息而定制的针对消费者特定需求的广告。学者们早在2003年就开始关注个性化广告，当时的研究主要集中在两个方面：一是用户对个性化广告的看法，二是个性化广告对用户注意力的影响时间。上述研究都是基于广告学或传播学理论视角展开的。近年来，随着个性化广告在营销领域的广泛应用，学者逐渐开始关注该种广告形式如何影响消费者的内心活动及决策过程，然而现有关于个性化广告在营销领域的研究相对零散，且国内外缺少对于个性化广告研究系统梳理的相关文献。有鉴于此，本小节在系统回顾与梳理国内外个性化广告相关研究的基础上，以期构建个性化广告在消费者决策行为过程中的理论逻辑框架。

随着个性化广告含义的不断改进和完备，存在一些与个性化广告概念类似的变量含义，即网络行为定向广告、定向广告及在线行为广告三个变量含义。借助中介技术收集顾客信息是网络行为定向广告与个性化广告的相同点，二者之间的区别是网络行为定向广告会部分地保护顾客的隐私信息。针对顾客的实际需要来实行广告活动是定向广告和个性化广告的相同点，二者之间的不同点是：以消费者个人信息为基础，进行广告准确投放是定向广告的目标，但个性化广告是依据顾客个人信息制定的、具有目的性的广告。依据收集到的相关信息，向客户推荐针对性的广告是在线行为广告和个性化广告的共同点，二者之间的不同是所掌握的客户个人信息的多少不同。

1. 个性化广告的营销效果

本书以个性化广告的营销效果和利弊为基础，进行详细分析。

（1）个性化广告对消费者的消极影响

消费者个人信息泄露、个性化程度把控失败造成的不满足顾客需求和消费者情绪不稳定，导致这三个方面的问题是个性化广告对消费者产生的主要消极影响。首先，消费者个人信息泄露，指的是个性化广告运用消费者的秘密数据进而触发隐私顾虑等众多问题。举例说明，数据分析表明个性化广告会触发受众的隐私安全问题，伴随精准广告估测受众对象个性化需要的精确程度加大，在某个层面上会侵害顾客的私密信息。其次，个性化程度把控失败指的是商家和广告主无法准确把握和估计消费群体的个性化需求程度，以及所触发的广告个性化标准与消费群体个人需求标准的不适应等问题。比如 Obermiller 和

Spangen-berg（1998 年）的研究表明，不同的高个性化程度的广告将会对儿童的说服知识产生不同的负面影响。但总的来说，较高个性化程度的广告将会引发儿童的说服知识，进而也会导致对广告产生怀疑，致使高个性化标准的广告成效不明显。最后，消费者情绪不稳定指的是消费人群情景动机发生转变从而形成对个性化广告的反感行为。比如，已经有研究表明在消费人群喜好不稳定的状况下，个性化广告的广告成效伴随时间的推动，其影响将被削减。

（2）个性化广告对消费者的积极影响

个性化广告能够积极影响消费者，主要体现在以下几个方面：

第一，个性化广告的定向选择能够有效满足消费者的需求并吸引消费者的专注力。数据分析显示，在信息碎片化的社会中，个性化广告具备精准定位消费者的能力，从而使消费者的个性化需求得以充分满足。第二，个性化广告的应用能够有效改善人们对广告的态度。研究表明，个性化广告能够增加消费者对广告的正面评价。这是因为个性化广告的信息内容符合消费者的核心需求，使消费者在广告互动中获得良好体验，从而增强了他们对广告的积极态度。第三，个性化广告的使用可以提高人们对品牌的认可度，进而增加品牌价值。研究表明，个性化广告通过品牌识别和自身品牌特性的匹配，对品牌价值产生积极影响。这种方法使消费者更容易与品牌的核心理念相融合，最终推动品牌价值的提升。这种个性化广告策略不仅满足了消费者的需求，还为品牌创造了更深厚的市场影响力。

2. 个性化广告营销的影响因素

（1）广告层面的影响

有研究表明，广告的呈现方式会影响广告的效果。当消费者遇到熟悉的广告形式时，通常不太容易受到影响，这就降低了个性化广告的接受效果。同时，消费者的个人信仰和自我认知水平也会影响他们对个性化广告的接受程度。

（2）消费者层面的影响

有研究表明消费者对信息的控制程度会影响广告的效果，而隐私关注在其中扮演着重要角色。这表示消费者对于自己信息的控制程度直接影响广告对他们的影响力。消费者对信息的控制程度越大将更会削弱隐私关注，从而更好地提升了广告效果。同时，消费者的自恋程度影响着个性化广告的视觉注意。自恋者会用各种方法来强化自我，个性化广告可以突出消费者的特质，从而增长了广告的视觉注意时间。此外，消费者的自恋程度还影响着个性化广告的情感反应程度。当自恋者接收到与自我相关的信息时，自尊心会使自恋者更倾向于寻找提高自身形象的情境，获得更强的存在感。

（三）社交媒体广告

1. 社交媒体广告概述

（1）社交媒体广告的定义

社交媒体广告就是在基于互联网的社会化媒体（Socialized Media）上发布的广告，而社交媒体就是指互联网上基于用户关系的内容生产与交换平台。社交媒体广告结合了付费广告、自有媒体、赢得的媒体这三者的优势：精准投放，具有原生内容，互动性强并且令人信服。

（2）消费者对社交媒体广告的态度

其一，社交媒体的关注度和信任度高。社交媒体不仅被关注，还深受信赖。社交媒体已经成为中国人生活中的一部分，这也使社交媒体广告在品类众多的数字广告中脱颖而出。中国用户对社交媒体上亲友分享的广告和信息流广告的关注和信任高于展示广告、搜索广告和视频广告。

其二，影响消费者选择是否关注的第一因素是广告是否“幽默有趣”，可见广告的创意性很重要。

其三，消费者会关注哪些广告与自身相关，或者关注自身感兴趣的产品、人物等，因此广告投放的精准性对广告效果也具有重要影响。就广告内容而言，无论是哪种形式的广告，幽默、音乐及故事趣味性都是提升用户广告参与度的关键因素。

其四，社交媒体上的广告通常与用户使用场景相结合，旨在提供最佳的用户体验。这些广告主要分为两大类：信息流广告和展示广告。以微信广告为例，它包括朋友圈广告和公众号展示广告，新闻媒体属性很强的 Twitter 和微博都有热门话题推广，而具有商务社交基因的 LinkedIn 除了拥有企业推广快讯之外，还有适合职业环境的人工智能使用习惯推广。这种广告形式旨在融入用户日常互动，提供更符合用户兴趣和需求的广告内容，以增强用户的参与度和体验感。

（3）社交媒体广告与原生广告、信息流广告的区别

原生广告是 2012 年提出的一个概念，没有人可以给原生广告一个很明确的定义，各界众说纷纭，BuzzFeed 的总裁 Jon Steinberg 说："当你用内容的形式并冠以该平台的版本，就是一种原生广告，在 Twitter 里面，它会是一则 Twitter 信息；在 Facebook 里面，它就是一条新的状态信息；在 BuzzFeed 里面，它会是一篇报道。"在集成开发环境中原生广告的定义是：原生广告通过"和谐"的内容呈现品牌信息，不破坏用户的体验，为用户提供有价值的信息，并让用户自然地接收信息。它是一种让广告作为内容的一部分植入实际页面设计中的广告形式。信息流广告是出现在社交媒体用户好友动态中的广告。信息流广告的投放特点是个性化投放，可以按照自己的需求，通过标签去投放。信息流广告具有原生属性，但并不能完全避免干扰用户体验的风险。有效的信息流广告要做到能为用户提供真正需要的信息，让用户更有主动权和参与感。

社交媒体广告中既有以内容为主的原生信息流广告，也有展示性的传统硬广告。

2. 企业发布社交媒体广告的误区

（1）没有制定好策略就进行社交媒体推广

首先需要明确社交媒体营销的目标是什么，可以帮助企业更完美地制定策略。明确最终目的是提高品牌认知度还是加大网站流量或者是挖掘潜在顾客，明确是否把社交媒体当作另外的客户支持途径。对于大部分企业来说，社交媒体营销的宗旨

或许是多层面的，尤其是受众数量增多之后。

所有营销用具都具备其实用性，这种实用性取决在产品及行业特征方面。社交媒体存在差异性，对于不同的社交媒体来说，均具备独自的特性，而这些特性对于不同的产品或者企业来讲，也许会帮助其获得有效的营销效果，但或许也会束缚其营销策略的施展。企业本身归属的类别、行业特性、产品特征以及面对的客户对象的消费特点等决定了哪种社交媒体更符合自己，还有是否可以达到预想的营销成效。不同的社交媒体在客户购买过程中饰演的角色也存在不同。所以，企业在未联结自身特征及定位的条件下，在未考量到自身目标群体在哪类社交媒体上进行活动时，便盲目跟风选取各种类型的社交媒体开展营销，最终获得的成效也许只会事倍功半。

（2）不懂得倾听、不回应受众

不管你是否知道倾听，你的用户或者潜在用户都可能讨论你的公司。因此，选择积极自主的做法能够预防部分小事故转变为较大的公关问题。因为社交媒体的群众参与度普遍较高，平台上的信息常常出现碎片化，并且数量大、内容繁杂，其中也包括夸张甚至背离事实真相的不实信息，与此同时，社交媒体的其他特点，也就是信息传播范围广以及传播速度快，使得大批真假混合的信息如同病毒一样在人和人之间迅速传播。在社交媒体互动特征的促进下，这部分在用户之间迅速传播的大量或者不实信息让企业品牌受到了正负两个层面的影响，它或许能够成功提高品牌价值，但也可能对公司现有的品牌价值进行削弱。对企业而言，对社交媒体上内容传播的方向、扩散的规模及其效率很难把控，其扩散过程产生的后果也很难预估。在社会效应传播超强的社交媒体基础上如何引导消费者进行正面主动的交流并管理好负面的互动，成为社会化媒体的久远性的课题。

企业可以使用多种社交媒体监控工具，包括 HootSuite、Social Mention 和 Mention。这些工具的免费版可用功能有限，虽然付费版包括了内容编排、分析和报告功能，可以用来分析与受众的互动效果，但监控工具能做的依然有限。在社交媒体主页上，及时回应消费者的留言至关重要，例如在 Facebook 上，如果你能做到快速回复，就有机会获得“Very responsive to messages”（回复率非常高）的主页徽章，让访问者知道他们可以在此得到快速回复。

（3）不尝试新办法

对不同版本的电子邮件、数字广告、网站进行测试和实验是很常见的做法，而对社交媒体来说也应该这样。例如，2015 年前后，视频直播当时还不是很受关注。然而，现在有许多企业正在使用视频直播来吸引受众。企业也可以尝试将视频直播与其业务相结合，如采访专家、展示新产品或合作伙伴等。例如，腾讯新的游戏产品“龙之谷”与斗鱼直播平台合作，在斗鱼上聘请美女主播进行了七天七夜的游戏玩法指导直播。斗鱼直播无疑要比普通的信息流更加突出，推广效果也更加明显。

3. 提升社交媒体广告效果的策略

（1）采取整合传播策略

美国广告代理商协会曾为整合营销传播作了如下定义：“这是一个营销传播计划概念，要求充分认识用来制定综合计划时所使用的各种带来附加价值的传播手段，如普通广告、直接输出广告、销售促进和公共关系，并将之结合，提供具有良好清晰度、连贯性的信息，使传播影响力最大化。”在新媒体技术发展迅猛的今天，广告投放不应该只局限于某一特定的媒体。企业投放广告时应该充分整合各种社交媒体，发挥媒体间互动的优势，促进消费者对产品和品牌的持续关注。随着社交媒体平台的日趋多样化，针对不同人群，品牌还需要侧重不同的平台，以达到更好的触达效果。

2011 年，借力于影片《非诚勿扰》的热映，日本北海道札幌经济交流室开通了官方 Twitter 账号“@ 北海道-魅力札幌”。从 2011 年 1 月开始，截至 2014 年 1 月，该账号共有粉丝34 839 人，发出微博共计 1 661 条。微博内容多以展示北海道自然风光和美食以及北海道浪漫的北国情怀为主，吸引了大批中外网民。通过对微博评论内容的分析可以看出，该账号发出的微博内容普遍引发了网民对北海道地区的向往之情，其中传递的浪漫信息更是满足了受众对爱情的需求。“@北海道-魅力札幌”在 Twitter 平台上以其在电影《非诚勿扰》中所展现出来的自然风光，结合浪漫的情感要素，如情人节活动、札幌雪祭、带有爱情因子的美食展示等，同时推出线上线下的互动活动，成功推广了札幌的城市品牌。

（2）充分借助意见领袖的影响力

拉扎斯菲尔德指出，意见领袖指的是一些在群众中热心于传递讯息并且阐明观点的人；或者指的是像他们一样能较多地触碰到媒体和信息源，并且热情地阐明观点和传递讯息的人；或者是某些领域的学者，他们的观点往往让身边的人深受启发；在自传媒的过程中，意见领袖指的是在消息传递及观点表现上能够对他人产生重要作用的人。自媒体爆发式的传播速度以及影响程度使意见领袖中转及筛选信息的作用随之加强。不用面对面沟通，只需微博意见领袖发布一条信息，就能够使不计其数的受众受到影响。这样的交互传播和传统的人际交往相比更有效。地铁、商厦以及餐馆等场地到处可以看到“微博控”，名人意见领袖具备超多粉丝及关注量，所以他们发表的言论更容易使周围的人受到影响。目前，以美妆博主和时尚达人为代表的意见领袖在受众当中信任度逐渐提高，他们是产品的使用人群，他们使用产品的感受更易说服品牌的潜在客户，这就说明影响力比品牌的自我宣传更有效果。意见领袖能够把组织以及媒体建立的标志系统转变成群体人员最能够接受的标志要素，与此同时，经过意见领袖的传播，受众不但能够获得已经了解的信息，还能够接收到较多的未知信息。意见领袖的判别以及倾向在潜意识里使受众的行为及态度受到影响，并且这些影响基于社交平台上被大量传播，通过最早的一对一的形式演变成一对多的发展形式。由此可见，意见领袖是消费人群行为与态度的强有力影响要素，是品牌向潜在客户传播信息的重要节点。所以，企业需要思考将栽培意见领袖引入社交媒体营销战略中去。

企业应当选择合适的意见领袖，其一定要支持该品牌，对产品有兴趣，认可品牌观念。企业能够通过按期邀约意见领袖参与企业行动、交流产品信息以及使用新产品、供应行业知识，逐步将其转变成品牌的忠诚消费者以及代言人。经过对品牌及其行业的进一步接触和掌握，企业所栽培的意见领袖不但可以成功传播品牌信息，吸引更多的粉丝来体验产品、关注品牌，还可以在严重事件出现后取得第三方舆论的赞同，缓和群众对品牌的消极态度以及对企业产生的负面影响。

（3）制作容易引发消费者共鸣的软广告

在情感消费主导的环境下，消费者采购产品所关注的重点不再是商品的数量、质量的优劣以及价格的贵贱，而是能够得到情感上的满足、心理上的认可。想要吸引客户的注意，使客户产生共鸣，就需要在消费者的情感需要上入手，和消费者进行情感方面的沟通，同时企业也不要忘记传达品牌的思想。所以，企业要把讲故事梳理到社交媒体的营销战略中去，从而使营销人员掌握有关企业或者品牌的故事，把企业的发展过程展现在消费者眼前，使消费者能够感知到这是一个真实存在的品牌，不含任何虚假。

在社交媒体中，广告主与消费者的地位也发生了改变。消费者不像在传统媒体中那样被动地接受广告信息，他们可以自由选择是否接受社交媒体中广告主发布的信息。在这种情况下，将广告转换为消费者易于产生共鸣的软广告，效果比较好，消费者在无形中认可并接受广告产品是广告最大的成功。企业如果错误地理解用户的需求和偏好的话，后果是非常严重的。比如，华硕的官方 Twitter 账号 2016 年 11 月 8 日发出的一篇关于 Zenbook 3 系列笔记本电脑的推文就引发了用户的非议，产生了负面口碑，带来了负面效果。华硕在 Twitter 上的推文内容是："所有的男士们请注意！你们更愿意和谁约会呢？抱着小猫的可爱女孩，还是拿着 Zenbook 3 的干练女性？" Twitter 用户 IncreXible 在这篇推文下评论称："@ ASUS 所有的男士？难道抱着小猫的女孩就不够干练或不具吸引力了？这篇推文太糟糕了，也可以用此来形容 Zenbook 3 的电池寿命。”

（4）善于运用社交媒体中特有的传播方式

社交媒体中有区别于传统媒体的语言和传播方式。用流行的语言发布广告信息可以进一步拉近与消费者之间的距离。广告主应该充分了解社交网络语言，如“偶”（我）、“有木有”（有没有）、“杯具”（悲剧）等流行词语。懂得社交媒体中的特有语言，则会将广告内容传播到不同的圈子中，有利于形成共同的语义空间，强化传播效果。除了语言的特殊性，高质量的图片和具备传播效力的文案对社交媒体平台来说也非常重要。不过微信、Facebook 是比较生活化的平台，对广告素材的要求并不那么高，有些相对模糊的图片可能会获得更好的传播效果。但 Twitter 和微博的要求相对较高，需要广告主对素材有较为严格的管控和选择，并且为了更好地发挥社交媒体平台上的广告效果，广告主挑选的素材和文案还应当更加贴近平台用户的行为习惯和喜好。

（5）重视移动社交媒体

随着移动互联网的发展，如今的移动终端既能满足人们的生活需求，又能满足其娱乐需求，这也是在我们身边出现越来越多的“低头族”的原因。人们通过手机、平板电脑等移动终端设备可以轻松获取自己需要的内容，当然也包括随时随地挑选和购买商品，尤其是随着社交媒体平台支付功能的日趋完善，移动社交媒体营销势必成为未来企业社交媒体营销的重要组成部分。

移动社交媒体营销不仅可以实现消费者与企业的面对面沟通，巩固消费者与企业之间的关系，也使消费者的购物过程更加方便快捷，同时还可享受折扣优惠。通过扫描二维码、定位和摇一摇等，人们可以随时随地了解产品信息及其特点，及时与客服人员进行交流互动，完成购物体验。移动社交媒体营销的优势之一就是可以抓住潜在消费者的碎片时间，为消费者打造有价值、有新意、吸引眼球的内容，并通过手机游戏、视频营销等形式引起消费者的关注，向消费者提供品牌信息，提高消费者对产品的认知度和好感，从而促进其消费。

（四）移动广告

1. 移动广告的概念与分类

移动广告是指基于无线通信技术，以移动设备为载体的一种广告形式，是移动营销的重要组成部分。

移动广告行业的主体参与者主要为广告主、移动媒体以及服务于二者的中间机构。在广告主端主要涉及移动广告的投放方式（即选择何种媒体进行投放、如何投放）和购买方式（即采用非程序化还是程序化的手段进行广告购买），在移动媒体端主要涉及移动广告的展现方式（即广告以何种形式展现、在何种设备上展现）和计费方式，由此可将移动广告从不同的视角分为多种类别。目前，移动广告正处于快速发展阶段，广告的类型、呈现方式、交互方式等都伴随着广告技术与移动设备的发展，正经历着不断地创新与变革。

根据不同的分类依据，移动广告可以分成多种类别。如按广告形式分，移动广告可大致分为展示类广告与搜索类广告；按是否有激励，可分为激励广告与无激励广告；按移动媒体，可分为移动网页广告和移动应用内广告。

2. 移动广告计费模式

（1）Cost Per Mille（CPM），按每千次展示计价。CPM 适用于新产品暴露的场景，适合在产品生命周期早期采用，是 CPT（Cost Per Time）和 CPD（Cost Per Day）方式的演化，广告形式包括轮流播出、视频广告、插页广告等。

（2）Cost Per View（CPV），按观看计费。这种计费模式适用于视频广告。广告主仅为完整看完广告视频的用户付费。在移动端，这种方式较有可能受到视频加载错误、缓冲失败的影响。

（3）Cost Per Click（CPC），按点击计价。易于被广告主接受，适用于测试不同流量来源的点击率情况。与 CPM 计费方式可相互转化。CPM＝CTR（点击率）×CPC×1 000。

(4) Cost Per Install (CPI)，按实际安装计价。主要用于应用推广，是前期获取用户的有效方式。在没有激励的情况下，下载率难以保证。但在激励条件下获得的用户，忠诚度难以评估。

(5) Cost Per Action (CPA)，按行为计价。行为可以是注册、提交表单等，类似的计费方式有 CPE (Cost Per Engagement，按互动计价，互动可以是转发、加关注等) 和 CPS (Cost Per Sales，按销售量计费)，这是获得高质量、忠诚用户的较好方式。

3. 移动广告可呈现出呈现方式与交互方式的多样化组合

移动广告的不同呈现方式和计费形式相互整合产生了各种不同的广告服务和商品。进而因为对 GPS 定位以及移动终端感应器等技能的使用，移动广告在不同的呈现方式下又可以存在各种交互方式，比如提前预约、电话直连、地图定位、运用下载、视频及音乐播放、优惠券下载等方式。艾瑞解析认为，移动广告的呈现方式和交互方式共同组合能够产生各种广告产品及体验，这一方面表明不同的呈现方式能够展现不同的广告创新，让广告主有较多充足的选择；另一方面，移动广告形态的多元化也表明该领域依然处在发展阶段，并没有实现成熟。对于较为完善的广告横幅、广告积分墙等广告形势面临着形态的改变及创新，新奇的广告形式又没有获得广告主的认同和大批使用，移动广告领域的产品形态没有明确，从而使得该领域的市场增长难度加大。

4. 发展趋势

(1) 移动广告受众的增加为行业持续发展提供保障

移动网民持续增加，移动网民在移动端花费的时间增多，从根本上保证了移动流量的快速增长，广告需求的增加为移动广告行业的持续发展提供保障。

(2) 广告主对移动广告的认知提升，广告投放向移动端转移

广告主，特别是有品牌类需求的广告主对移动广告的认知不断提升，广告预算向移动广告倾斜将促进移动广告领域的进

一步繁荣。

（3）互联网巨头大幅进入与布局，推动行业发展的速度

2013 年，百度与阿里巴巴都对其移动广告产品进行了界定，面向各自的广告主群体，提出了围绕自身核心业务的移动广告解决方案。2014 年是互联网广告巨头对各自旗下移动广告产品进一步规模化的一年。百度移动搜索营收规模的提升、移动联盟产品的流量价值提升、轻应用和 LBS 产品的商业化路径、阿里巴巴的无线淘宝直通车在电商垂直搜索的发展、电商广告中的其他产品的吸金能力等都引人遐想。尽管巨头对行业影响的悬念很多，但可以确定的是移动广告行业更多参与者的进入与发展将提升行业的发展速度。

（4）第三方移动广告服务商业务调整与聚焦

2013 年是移动广告平台整合、调整、发展的一年。而 2014 年，伴随着第三方移动广告服务商对行业发展的理解日趋深刻，其在业务领域呈现出调整与聚焦。他们审时度势，对自身业务进行必要的调整，将更多的精力投放在自身的优势产品和服务上，并力争在市场上提供差异化的服务，在各自领域占有一定的地位和影响力。

（5）移动广告价格将进一步提升

随着网络技术的不断进步，广告形式和消费者付费形式一直在竞争。移动用户的付费形式在 2014 年被强化和改进。但在首端移动媒体的数量仍然有限的状况下，即使移动用户增加会导致移动端总体流量的增多，但广告形式的薄弱，也会在某种程度上造成流量的减少。此外，由于广告主的加入，流量竞争愈加剧烈。所以，移动广告的价格升高是无法避免的。

（6）广告产品形态的创新与演进

随着社会的发展，移动广告商品的形态将不断演化，因受到创意的局限，横幅广告日渐不受欢迎，视频广告、插屏广告以及全屏广告越来越被广告主采纳，墙面广告会有一些改变和革新。社交媒体广告的增多和发展，以及随着移动程序化消费的技术改进，会使移动广告领域朝着更加高效、多元化、风格

多样的方向发展。

（五）视频广告

1. 视频广告的概念

以数字视频为关键呈现方式的新媒体广告交易叫作视频广告，含有 IPTV 家庭广告、网络视频广告以及户外液晶广告等种类。视频广告的优点是具备互动性和分众性，可以将广告进行准确投放、高效抵达，还具有运营成本低的特点。一些具备大范围 IP 网络的电信运营商，发展以 IP 为基础的视频广告是推动转型的有效途径。

2. 视频广告的分类

视频广告可分为插入式视频广告、捆绑式视频广告以及独立视频广告三种。

在网页中插入广告或弹窗广告称作插入式视频广告，这种广告具有强制性特点，除了老旧的图形和载体，Flash 广告毫无差异，而且这种广告的收费存在广告收费者。

类似电视广告的形式，在用户观看的视频的首、中、尾部插入广告，这种广告叫作捆绑式视频广告。这种广告也具备强制性特点，因为消费者并不一定想看见。此外，这种广告也收费，但可借助自身产品内容的形式而无须付费。

一支广告为一条视频，就称作独立视频广告。这种广告只有用户自愿点开才会播放，这类广告一般情况下无须付费，无收费的广告发布者，为了获得良好的成效，通常不抵制广告发布者。

3. 网络视频平台的基本格局

（1）网络视频的整体发展态势

中国互联网络信息中心（CNNIC）的调查数据显示，中国网络视频用户数量截至 2019 年 6 月已高达 7.59 亿，占总体网络用户的 88.8%。长视频用户数量有 6.39 亿，占整体网络用户的 74.4%；短视频网络用户数量有 6.48 亿，占整体网络用户的 75.8%。这些数据表明，网络视频客户和短视频客户几乎相似，是同一批用户。2018 年 12 月，CNNIC 的调查数据表明，手机用户每日上网的平均时长为 5.69 小时，长视频占 8.3%，短视频占 11.4%，短视频第一次超越长视频。这就意味着长视频和短视频之间正进行着一场激烈的竞争，且这种竞争无法避免。同样，在网络视频和短视频内部各领域也存在着同样激烈的角逐。

长视频主要包括腾讯、爱奇艺和优酷三个视频软件，它们竞争的核心是会员机制的设置、独家视频版权以及技术的新兴成分，新兴成分主要包含竖屏剧、短剧以及互动剧等。短视频主要包括抖音、快手以及腾讯旗下的短视频软件，他们竞争的核心是客户数量、观看时长以及商业化发展。2019 年，短视频市场逐渐完善。长、短两类视频必定会以广告为中心，用尽手段进行激烈角逐。2019 年，我国经济正是不断调整的时期，这种角逐既表现在广告品质和流量层面，也表现在产业和谐、生态层面。根据 CNNIC 报告显示，各大视频平台在 2019 年能够将视频内容种类进一步分化，逐渐生成娱乐内容生态；各大平台在影视剧、各种综艺节目以及国内外动漫的基础上逐渐向电竞、音乐等新行业延伸拓展，围绕 IP，经过对平台所有资源的整理集合来达成联动，最终产生视频和电竞、电商以及音乐等行业共同进步的和谐生态。

（2）长视频和短视频的竞争关系

总体来看，长视频平台的主要投入是内容，短视频平台的主要投入在“内容”之外更注重“技术”；长视频平台最核心的部门是制作、版权和内容孵化、协作，短视频平台最核心的部门是大数据、算法、人工智能等技术部门；长视频强调人力创意，短视频强调技术基因；长视频以“大体量的优质内容”为护城河，短视频则以算法和技术为核心竞争力。

长视频和短视频归根到底都是通过内容来吸引用户，长视频平台向短视频领域渗透，虽然暂时未对短视频平台形成威胁，但这种投入可能会是持续性的动作。目前，短视频平台虽然缺乏向长视频领域渗透的优势，但未来不排除这种可能性。

长视频平台 80% 的职员为生产和购买内容服务，囊括电视剧、电影、综艺等，垄断了最优质的娱乐内容；短视频 80% 的职员则是技术和程序员，侧重于提供移动碎片化的消费内容。长视频强调内容、剧情、情节、明星等元素来打动用户；短视频则通过为用户匹配最感兴趣的内容来抓住用户。长视频和短视频的竞争主要围绕用户时长展开，在用户时长基本稳定的情况下，在一边内容上花的时间多，在另一边内容上花的时间就会减少。面对内容逐渐成为广告价值出口的媒介环境，以广告为核心收入，依托内容对用户时长的争夺，关系到两大领域的商业前景。尤其对于长期未能摆脱亏损的长视频平台而言，这种广告收入层面的考量显得更为紧迫。对短视频平台而言，广告能否持续实现爆发式增长，关系到其市场和行业地位。对于仍处于成长中的快手、抖音而言，广告营收规模和增速已关系到企业对商业前景的预期和资本市场的评价。

1）长视频变短以增强渗透力

即使短视频全体客户渗透率超出了长视频，可是对于平台来说，抖音以及快手的用户领域与三大长视频平台具有较大差距。考量到长视频平台客户规模达到峰值，短视频依然处在上升阶段，再加上短视频运行时长占的比例较高，长视频必须做出改变。角逐战略包括两个方面：第一个方面是使长视频花絮的内容得到丰富，第二个方面是插入微综艺及短剧，逐步向短视频领域靠近。

腾讯视频通过社交平台实施强有力的帮扶，优酷与字节跳动完成协议，对优酷运用短视频实质授权，优酷隶属的成千上万部电视剧、电影、综艺以及动漫等视频用短视频的方式在西瓜视频上播放。优酷官方认为，长视频分段形式为用户供应各式各样的选择，有利于延伸优质内容的生存力。

三大长视频平台持续不断地充实花絮、切割内容以及预告片等短视频数量及途径，从而使得用户在看过短视频后能够用更多的好奇心去看长视频。除此之外，由于受短视频的冲击，三大平台在内容创新的层面，不断从不同的角度布置短视频区分业务。在 2018 年下半年，爱奇艺上映了《生活对我下手了》

这部短片。该剧集用竖屏的方式来呈现画面，每集时长大约在5分钟内，腾讯视频上映的火锅勉励计划，陆续上映《女人30+》以及《小哥哥有妖气》等时长在10分钟内的小剧集，快手同步上映了《暖男先生》等小剧集。由此可见，伴随5G网络带来的预计网速晋升，短时长的微视频以及微综艺和长剧集大型综艺相比较更节省流量费用，比才艺表演更具有故事情节，意味着长视频与短视频的结合和角逐形势将要步入白热化。

2）短视频变长以留存用户

2018年以来，众多短视频平台陆续在视频时长延长上投放策略性资源。2019年，抖音面向用户开启1分钟视频公布权限。到6月底，抖音可以播放15分钟的视频。除了抖音之外，快手在2018年对外公布开始围绕5G时代展开布局。百度好看视频在同一时间推行了“VLOG蒲公英”计划，支持时长大致在5分钟以上的Vlog视频。短视频领域加大时长的关键原因有两个方面：第一是针对业务扩展的考量，尝试对长视频的价值实施收割；第二是5G带给视频领域较多的延展性，短视频变长有提早布局及定位市场的策略思量。

短视频时长延伸使平台内容的生态受到了影响，有助于加固内容，提高短视频平台的贸易价值，提升用户的使用率。相对品牌来说，需要叙事的与否是使用不同时长短视频投放的关键原因。短视频广告营销的本身是广告主，加大时长之后的短视频有助于吸引有叙事需要的品牌投放，增加对大型或者中型广告主的吸引力，以此转变这方面广告预算长期以来被长视频把持的局面。抖音以及快手等平台延伸时长的转变，在一定层面上使长视频平台受到压力。针对电影营销，2018年早已将抖音当作关键投放场地的现实，长视频平台无法做到漠不关心。

（六）虚拟现实和增强现实广告

1. 增强现实与虚拟现实的概念

增强现实（Augmented Reality，缩写AR）是一种能够在真实世界对象上加载信息或图像的技术，它把数字想象世界加在真实世界之上，主要硬件厂商包括微软（HoloLens）、谷歌

（Google Glass）和 Magic Leap。虚拟现实（Virtual Reality，缩写 VR）是由美国 VPL 公司创始人拉尼尔在 20 世纪 80 年代初提出的。VR 领域主要的硬件厂商有 Oculus、索尼（PlayStation VR）、HTC（Vive）和三星（Gear VR）。这些公司引领的虚拟现实革命预示着未来的品牌内容将从文字过渡到图像、从 2D 过渡到 3D。

广告制作主要是指广告作品被设计、制作出来的物化过程，其内容生产的最终产品就是广告制作所带来成果。通过具体的方式来说，平面类型的广告作品就是指最终打印出来的实物，影视类型的广告作品就是指最终播放出的有声音的画像。

对平面类型的广告来说，其传统的平面广告在制作中主要是两个阶段：一个阶段是手工制作，另一个阶段是机器打印。手工制作通常会受技术方面、成本方面以及生产所需时间方面等相关因素的影响，难以保证制作出来的广告质量全部合格，生产的效率也很低。机器打印能够进行大批量的生产，从而大幅度提高生产的效率，但是也会存在制作出来的广告只能以二维的方式呈现以及无法实行个性化生产的问题。3D 打印技术与人工智能的完美结合可以应对上述平面广告所出现的问题。3D 打印技术是一种能够快速成型的技术，主要是以三维的设计模型为基础，通过软件对其进行分层处理，再利用数控成型系统进行初步规划，利用热熔喷嘴、激光束等方式将各种粉末、塑料等较为特殊的材料逐层堆积，最后再进行叠加，就得到了想要的产品。3D 技术拥有制作时间较短、所用材料多样等优点。

对于影视技术来说，传统的影视广告都是要经过一个很漫长的过程才能得到想要的结果，其过程可以分成三个步骤，即策划、拍摄以及剪辑。但是，受广告传播介质的限制，呈现出来的作品存在着各式各样的问题，例如无法实现互动、感官割裂等。随着科技的发展，VR 技术得以实现。它的出现给影视广告在视觉与听觉方面带来了深刻的影响，也直接打破了传统广告的传播形式。改变最明显的一点，就是使观看影视广告的观众能够从感觉、听觉、嗅觉、触觉等各方面都能带来沉浸式的体验。对于常见的视觉感受以及听觉感受暂且不谈，先让我们看一看可以带来触觉以及嗅觉上的感受的例子。美国的《国家地理》杂志投放过一次增强现实类型的广告片，让人们接触到了不敢接近的凶猛动物。甚至，还亲自感觉到鲸鱼冲出海面时溅出的水花。为推广爆米花的概念 Pop Secret（史上第一款能够产生气味的游戏），其公司的设计部门还专门为爆米花公司开发了一个 Poptopia 的手机游戏，有一种专门发出爆米花香味的外设，能够使玩家在游戏时，体验所散发出的爆米花香气。

2. 增强与虚拟现实技术提升用户体验

增强现实和虚拟现实在技术方面来说还存在着较大差异，增强现实技术主要是把计算机中所产生的虚拟信息层，采用叠加的方法运用到现实的场景中去，用户可以借助信息层实现和现实世界之间的联系，从而提高了用户对真实世界的认知能力。而虚拟现实则就是让用户可以完全沉浸在虚拟现实的世界里，把真实环境转换成了虚拟环境，不过二者都有着比较强的互动性和构想性，不论是新媒体的吸引力或是广告的表现力都可以冲破传统媒体的界限。

增强现实研发出来的时间要比虚拟现实研发出来的时间更长，但是在广告的应用方面，增强现实技术更加成熟，更重要的是报纸媒体通常会将纸媒广告与增强现实技术相结合。《洛杉矶时报》曾经研发出一种增强现实的应用程序用来播报奥运会新闻，同时还能看到所刊登的地产广告，直到现在，这一技术仍在广泛运用。

增强现实技术应用于广告中具有多方面的优势，不但可以拓展现实世界的信息，其新颖的广告形式也有利于延长读者关注广告内容的时间，同时互动形态的广告优化了用户的购物体验，广告的效果可直接检测。在应用增强现实进行互动的过程中，利用自然手势直接操作信息层的各类对象，可以使人机交互的过程更加自然，有利于用户主动探索并接受广告信息。增强现实的媒介也不仅限于屏幕或数据眼镜，全息投影技术的运用会给增强现实带来更多的魔幻感。

与增强现实相比，虚拟现实在当前的应用更多地聚焦于游戏特性，具有更出色的沉浸感和参与度，然而在存在感方面，它仍然稍逊于增强现实。虚拟现实广告可以使消费者进入广告情境中，在虚拟的环境中体验广告产品的使用，在使用过程中由于排除了外部信息的干扰，因而广告信息的接受度更好。但虚拟现实广告面临“视觉疲劳”“晕动症”和“恐怖谷效应”等技术瓶颈，同时受到设备普及程度及网络传输速度的制约。未来网络技术的新发展可能带来虚拟现实广告的大发展与新突破。

现阶段增强现实、虚拟现实与人工智能结合的案例在广告实践中还未形成重要的趋势，但相信在未来，它们之间的交叉运用不可避免，它们的结合将重新定义广告的各个核心要素，未来广告中虚拟世界与真实世界的边界将被消融，广告与内容的边界将被打破，人们通过共创共享生成广告。它们的结合将成为未来媒介的主流，甚至成为终极媒介，这些终极媒介必将占领整个广告市场，并改变广告媒介的生态与发展方向。

（七）品牌内容营销广告

由于企业营销传播价值理念的变化，从而推动了企业营销手段的变化，营销手段从照搬传统广告转变为主攻内容品质。信息化时代产品营销的崭新价值理念是以顾客为价值核心，是对传统广告以“代替品牌商传达产品销售信息”为关键价值理念的革新。作为核心价值理念，客户在内容经营销售的过程中不仅是服务的主要目标，同时又是内容的生产者、参与者和传递者，既是价值的收获者又是价值的生产者。价值通过内容表现出来，顾客可以从内容中获得有用的、有需求的信息，也可以借助内容来生成价值、传递价值。以往广告的价值理念为以达到营销额为目标追求，想方设法获取最大利益，但它没有充分考虑到顾客对广告信息的价值追求。传统广告指的是由广告商付费，以广大群众为媒介的产品信息传播，传播媒介经历了印刷媒介时代和电子媒介时代，对传统广告下定义时离不开“商品”一词，以商品为中心能够促使传统广告价值的实现。

对品牌商而言，传统广告的价值主要体现在替品牌商向客户传达商品或服务的推广信息，关心客户是否收到商品相关信息、对商品进行认知以及购买产品。

传统媒介受到时空的约束，传统广告遵守形式单调的诉求法规，追求在有限制的板块内最大范围地传达产品信息，向顾客讲述产品的某个特点和具体作用，使得顾客拥有购买商品的意愿并进行购买。对顾客而言，传统广告明确交代了商品或品牌的详细信息，这是它的最显著的价值，但由于传统广告的核心价值理念是品牌商的利益至上，从而导致品牌商在宣传产品信息时，由于利益的驱使常会夸大或美化产品的作用，这极大地弱化了传统广告对顾客的价值性，会造成消费者对广告信息的抵触和不信任现象。在信息化时代，顾客的注意力资源越来越缺少，使得传统广告这类以产品推广为中心、以品牌商利益最大化为核心价值的理念受到了冲击，已不符合新的社会营销环境。网络用户对自己注意力进行分配，他们更注重一些对个体本身具备更高价值的信息，除此之外，偶尔也会关注一些自身感兴趣的信息，因此只有广告内容中隐含着更高价值的信息，才有可能吸引用户的关注和兴趣。另外，顾客不仅在产品和服务方面有要求，在社交、自我提升以及娱乐方式方面也有更高的要求。如今，人们的需求越来越多样化、独特化，所以单调化、统一化的营销信息已无法获得顾客的注意。由此可得，在数字经济时代，营销方式要以为客户供应多样化、新颖化以及更具价值的内容为核心，要尽力达到顾客更高标准的价值要求，特别是满足顾客不了解的实际需要。

内容营销正是基于这一趋势转变而兴起的营销传播形态。内容虽然是广告的一种新形态，但数字化时代的内容与传统广告在价值取向上具有本质差别。内容营销不再以商品推销为核心目标，品牌方所发布的内容并不会直接促成销售行为，而是通过持续不断地为消费者提供满足其各类需求的优质内容，逐渐与消费者建立深层次的情感、信任关系，从而最终达成营销目的。相对于传统广告常常被消费者所反感、抵制和屏蔽，内容营销不会简单粗暴地植入商品信息，而是将品牌理念、品牌价值观、品牌文化等信息自然合理地嵌入内容当中，一边为消费者提供价值，一边在潜移默化中影响消费者对于品牌的认知，塑造品牌形象，以这种方式来为品牌主创造长期价值。例如红牛集团（Red Bull）的品牌优酷（Youku）账号中几乎没有其产品的推销信息，而是发布了海量关于极限运动和体育赛事的优质内容，从而使红牛热爱挑战与冒险的品牌形象深入人心，这些内容也为红牛品牌获取了众多体育爱好者的关注与喜爱。

另外，在传统广告的价值创造逻辑中，广告主和广告专业生产机构是价值创造的绝对主导者。而在内容营销的价值观念中，消费者已成为品牌价值创造的核心驱动力。基于社会化媒体平台的开放性与交互性，消费者不再仅仅是广告信息的接收者，而是可以成为广告信息的传播者与生产者。不仅品牌方通过创作内容为消费者提供价值，消费者也能够参与内容创作和传播的过程，发挥自身能力为品牌和其他消费者创造价值。品牌方与消费者之间不再只是单纯的基于商品买卖的交易关系，同时还是共同创造价值的合作伙伴，在价值互惠中建立深层次关联。

## 第三节　广告变革面临的挑战

### 一、广告屏蔽

（一）各大网站 vs 广告屏蔽软件

英国《金融时报》网络版刊载：随着越来越多的网民开始使用广告屏蔽器，威胁到各大网络内容发布商的生存，一场针对网络广告的攻防战已经悄然打响。一方是网民，另一方则是市场规模高达 1 200 亿美元的网络广告行业。

据估计，全球约有 1.4 亿网民使用了 Adblock Edge 和 Adblock Plus 等软件来屏蔽网页广告。Adobe 公司和 FaceBook 人工智能团队进行的一项研究结果显示，使用这类屏蔽软件的人数去年增加了70%。谷歌和德国RTL等依靠广告为生的公司都在使用各种“武器”打击广告屏蔽器，有时用现金收买，有时则会对簿公堂。由于涉及数十亿美元的高额利益，有些网站甚至专门部署了一些技术来绕过屏蔽软件，导致网络广告行业的“军备竞赛”日益升级。

“广告屏蔽将对发布商的收入产生实质性影响。”美国IAB总法律顾问麦克·扎尼斯说，该组织的会员约为美国网络广告市场贡献了四分之三的份额。“如果消费者想使用免费互联网，就不能放任这种广告屏蔽器持续扩散。各大内容发布商都在努力寻找激进的解决方案。”

微软欧洲广告业务主管安迪·哈特（Andy Hart）表示，消费者对网络广告的反感源自弹出广告等“侵扰性过强”的广告。他认为，问题在于广告屏蔽器的方式“太过生硬”，因为它会屏蔽所有广告，甚至包括“能够提升用户体验的广告”。年轻人是率先使用广告屏蔽器的人群，所以着眼于这一群体的网络内容发布商受到的冲击最大。而年轻群体恰恰也是广告主最看重的群体。

越来越多的网民使用广告屏蔽器，会有很多网站难以维持生计。所有年龄、性别和国籍的网民都逐渐意识到，在网上使用广告屏蔽器非常简单，可以屏蔽弹出广告和视频前置广告。ITV和Channel 4两大英国广播公司使用反广告屏蔽技术，一旦检测到用户在使用广告屏蔽器，就会拒绝播放视频。如果你想看视频，就必须看广告。尽管有些用户愿意为了获取高质量的内容而关闭广告屏蔽器，但多数人都拒绝这样做，而是直接离开网站。因此一些内容发布商与广告屏蔽公司通过各种新颖技术绕过广告屏蔽软件，利用工具帮助内容发布商投放某种无法被广告屏蔽器探测到的视频广告，促使屏蔽技术不能正常使用。

（二）用户安装广告屏蔽应用的主要原因

长久以来，用户在一定层面上认可“免费广告”形式，这正是传媒领域全部参加者之间形成的心灵相通。可是，和传统纸媒与电视中的广告存在差异，网络广告早已超越了传统广告的范围。与传统广告相比，网络广告方式发生了巨大的变化，这也是用户使用广告屏蔽工具的原因。

传统广告和传统媒体实质上是整合在一起的，处在一个单独空间中。网络广告则有所差异，它常常是通过强行入侵用户私人领域的形式向用户传播信息。这部分广告使用户的媒体使用感受受到了严重的影响，从而使用户在体验时受到直接的困扰。

1. 消耗用户流量

目前来看，用户上网的基本途径是使用移动手机，大部分 App 都让用户自己选择是否使用移动网络继续上网，网络广告的播放同样使流量受到损耗，并且流量是在用户不知情的状况下产生的，因此用户需要安装屏蔽软件来避免流量的消耗。调查结果表明，我国网民对网络广告的接受程度还是较高的，只有 32. 7%的用户持反对意见。其中，24. 5%的用户指出，网络广告严重影响了他们对 App 以及网站的使用；8. 2%的用户指出，网络广告使个人的媒体使用感受遭受了直接影响。可是，这项调查并没有划分移动端以及 PC 端，假如这项调查来自移动端，那么这项比例将会更高。

2. 采集用户数据甚至侵犯用户隐私

借助大数据技术，我们可以收集和分析用户的行为数据，实现精准营销的目标。虽然很多国家的广告行业都认同精准营销的方法，但实际操作中，许多公司滥用了这个原则。依据美国移动公司在 2012 年发表的报告可以看出，一些激进网站没有获得用户许可就收集用户的手机号码以及电子邮件地址，部分网站甚至安装跟踪设备，不定时地给用户推送广告，这使得用户的隐私完全暴露在大众面前，因此用户只能安装相关屏蔽软件。

3. 安全问题

一些恶意软件会伪装成正常应用，给用户带来安全问题。例如，趋势科技就发现，高人气游戏类 App 的恶意广告软件越来越多，下载后不仅无法正常使用，还会感染设备，发布大量广告。Citizen Lab 在 2017 年 3 月发布的一份报告称：QQ 浏览器的数据收集和传输存在安全隐患，数亿用户的个人信息容易被非法获取。在此之前，Citizen Lab 还发布了两份报告，指出 UC 浏览器和百度浏览器也存在同样漏洞。

## 二、广告欺诈

### （一）广告欺诈的含义

凡是利用广告致使公众对其商品或服务产生了错误认识的广告宣传，都可称作广告欺诈。广告欺诈行为的构成主要有以下几个方面：

1. 主体方面

广告欺诈的行为主体首先是广告主，因为只有广告主最了解自己的产品及相关的行业知识。而广告经营者和广告发布者熟知广告管理法规，承担着告知和审查任务，因此对广告欺诈负有不可推卸的责任。广告主是为推销商品或提供服务，自行或委托他人设计、制作、发布广告的法人、其他经济组织和个人；广告经营者是指受委托提供广告设计、制作、代理服务的法人、其他经济组织或个人；广告发布者是指为广告主或广告主委托的广告经营者发布广告的法人或其他经济组织。广告欺诈行为的主体可能是广告主，也可能是广告发布者或广告经营者，还有可能同时包括三者在内。

2. 主观方面

从广告欺诈的概念我们可以知道，行为主体必须有欺诈的“故意”。根据“过错责任原则”，只要存在实施欺诈行为的主观心理状态，就可以认定这种行为是广告欺诈行为，在这一点上理论界基本没有争议。目前理论界关于由“过失”引起的广告欺诈行为争议较大：第一种看法认为，广告行为主体由于疏忽没有预测到自己制作、代理或发布的广告是欺诈广告，引起消费者上当受骗，损害了消费者的合法权益，这种情况行为人违背了广告法律、法规规定的义务，但行为人对危害结果主观上持否定态度，若广告法律法规规定了应承担法律责任的，应按法律规定处理，即认为这种行为不构成广告欺诈；第二种看法认为，只要广告监督管理部门已经履行了《中华人民共和国行政处罚法》中规定的“告知程序”，就应当认为任何造成了欺诈后果的行为都存在主观过错，著者比较倾向于后一种看法。

3. 客体

客体即广告管理秩序。工商行政管理部门的核心任务是反不正当竞争。打击广告欺诈行为不仅是保护具体的受害人，而更多的是为了维护广告管理秩序，从更宏观的角度讲是维护市场秩序，保证经济主体之间的公平竞争。

4. 客观方面

广告欺诈行为的成立，以广告的发布为条件，也就是说，不论有没有人上当受骗，广告欺诈的违法行为同样可以成立。

（二）广告欺诈的成因分析

1. 监管不畅

从管理层面来说，如果机制不健全，就会为广告的虚假行为提供绿色通道。在我国，广告的管理体制还不完善，没有与国际通行的管理体制接轨。国外的管理体制做法是：广告在进行投放之前，要经过相关的广告监管机构的严格审查，审查通过后有关媒体才能进行发布。目前，我国只对一些特殊的商品，例如医用器具、药物等商品的广告，以及服务类型的广告进行了监督管理，在这种体制下就会被虚假广告钻空子。

在《中华人民共和国广告法》中明确规定：最终承担欺诈行为责任的主要是负责人，现实经营中广告内容的真实性、合法性由广告媒体行使查验、审核权。这就出现了两个漏洞：第一个漏洞，就是由于媒体并不是专业的执法机关，这就导致了广告的管理机关心有余而力不足，通常都是会等问题出现了再进行调查，这种方式造成了广告管理机构一直处在被动地位，如果能在事前进行监管的话，就可以将这个问题扼杀在摇篮中。第二个漏洞，就是有关行为责任的规定会为虚假广告的投放提供空间，是一种明显的权利与责任不对称的行为责任。

广告的投放往往会与内容的检察相混，因为广告所带来的经济利益较为优厚，通常会有一些见利忘义的行为出现，也为虚假广告打开了通道。

由于广告设计与投放也是一门学科，因此所涉及的领域也较为广泛。但是，就目前的情况来说，缺少一支专业的广告监察队伍，这就使虚假广告更容易得逞。

2. 市场经济因素

对于市场经济来说，在利益与好奇心的驱使下，容易做出损人利己、背信弃义的行为。市场经济体系中“经济人”所假设的核心特点就是尽快使自身的利益最大化。西方著名经济学家凯恩斯在对“经济人”进行分析与研究后发表言论，其中提到：“经纪人”的自利心理能够激发潜能和创造性的天赋，同时还能提高人们的薪资待遇，从而使社会进步。市场经济就好比是一把双刃剑，市场主体都希望小投资获得大利益，甚至还利用欺骗等手段。如果这种行为出现在广告活动中，那么将直接反映出这个广告活动就是广告欺诈行为。

3. 相关的广告监管条例不完善

在我国，审批广告的机构主要是工商行政管理机关，如果审批得不仔细、不严格就会出现很大的漏洞，那么谁来监管工商行政管理机构的权利呢？如果监管不力，就会导致滥用职权，行政机关如果不严格把关、出现过失，也会是一种犯罪。

（三）防范对策

1. 改革工商行政管理体制

工商行政管理单位是经济监督执法单位，集查验、监督与审批等权力于一体，自身需要强化工商行政管理的体系性、整体性。从审批的层面来看，尽可能做到事前规约，严格把控审批环节，对于审核不严谨的应当予以追究行政法律责任，同时需要加强行政管理部门人员的能力素养训练和考核，并作为其绩效考核的一项关键内容，杜绝因工作人员的能力素养问题而诱发工作失误，针对严重的工作失误应当追究法律责任，做到事前规约，从源头上制止。除此之外，现存的广告管理体制主要是针对广告运营主体的，在这种体制下，主要追查的是审查责任，并不是诈骗责任，特别是对广告主来说，除了不实广告外，额外的非法广告几乎不负担法律责任。实际上广告主不仅是诈骗广告的罪魁祸首，还是诈骗广告的主要受益人，如果要求其对广告负整体责任时，需要做到事权清楚、权责分明。

2. 增强对广告行业的社会监督

增强社会信用体制的创建，增强对广告行业的社会监督。当前，社会各个行业对信用系统的创建呼声持续高涨，各行业都在加大行业的诚信创建步伐，我国在创建广告领域协会的过程中，一定要加大广告界的诚信建设，让违规人员受到的处罚不只是局限于经济方面，还要在信用方面让他们声誉扫地，限制相关从业活动的范围。

3. 加强相关的广告立法，依据法律治理市场

市场经济存在很大的诱惑力，所以对于广告诈骗的治理不单单只是依靠行业自律，还需要依赖法律的惩罚。法律的规范即使存在滞后性，但是作为一个惩办方法，起到了让违法人员害怕的作用。当前我国与广告相关的法律法规的制定不但严重落后，还缺乏系统性及协调性，并且惩罚的力度也不大。比如目前网络广告盛行，但我国针对网络广告的法律还是空白；再比如根据《中华人民共和国广告法》规定，关于广告欺诈的惩罚规则是要处以实际广告费用 1 倍以上 5 倍以下的罚款金额，根据《中华人民共和国反不正当竞争法》的法律条文规定，罚款金额还可以在 1 万元以上 2 万元以下，即使再加上其他方面的费用，那么真正的罚款金额与广告带来的利润相比就是小巫见大巫了，对于不法分子也达不到应有的处罚效果，这样的规定与我国明确规定的广告欺诈行为相比，效果并不明显，也无法威慑不法分子。

4. 消费者强化防范意识

站在消费者角度来讲，消费者应该强化防范意识，切忌盲目消费。首先，应该多学习一些关于保护消费者权利的法律知识以及广告行业方面的重要内容，能够准确辨别广告中关于商品以及服务的宣传是否真实合法，这样不但能够提升自我保护

意识，还能对广告进行社会监督；其次，加强消费者自我维权观念，学会拿起法律武器进行自我保护，防止自身权益受到损害。只有在社会监督和消费者监督的共同努力之下，广告欺诈行为才能有效得到遏制。

## 三、广告费用支出过高

根据西方经济学原理，理性的厂商为了实现利润最大化，必须遵循边际收益等于边际成本的原则，否则厂商是不会采用广告宣传这一非价格竞争形式的。但在实际经济生活中，很多厂商投入的广告费用与收益不成比例，造成了资源的巨大浪费。

（一）广告费用支出效果不佳的成因分析

1. 广告策略忽视产品市场发展的周期性差异，缺乏针对性

一般来说，在一个产品诞生及其发展初期，人们对这种产品的认识是模糊的，不可能产生对这种产品的任何偏好。这时，影响消费者需求的主要变量应该是质量和价格，而不是偏好。但如果随着产品市场的成熟，人们对该种产品、市场价格及其质量相关性认识的提高和了解程度的加深，必将使得该类商品的性价比趋向一致，价格与质量二者之间已在消费者心目中形成了稳定的替代关系。这时影响消费者做出消费决策的因素应该是对价格、质量的偏好，而不是价格和质量本身。即在一个产品市场进入发展成熟期时，影响消费者选择的就应该是偏好变量。许多企业在做广告宣传时，并没有根据消费者在产品市场不同发展阶段的不同要求来制定相应的广告宣传策略，结果出现了大量的低效甚至无效的广告，降低了广告费用支出的投资回报。

2. 广告强度选择不当，降低了广告宣传的效果

人们研究发现了一个规律，真正影响产品销售额的不一定是广告费用的多少，而是广告强度的大小（广告强度在数量关系上等于广告费用与销售额之比），而且只有当广告强度达到一定程度时，才能促进产品销售额的增长；但另一方面，如果销售额已出现市场饱和状态，广告宣传支出继续增加，销售额

不但不会增长，还有可能下降。那么究竟投入多少广告费用才算合适呢？这就需要对广告费用的量进行分析确定。但在实际中许多企业往往由于缺乏具体的方法，导致许多企业要么凭经验办事，要么按照业务量的一定比例提取广告费用，或者根据自身的承受能力尽可能多地确定广告费用。这些方法在一定程度上大大限制了广告应有功能的发挥，造成了广告资源的大量浪费。

3. 各厂商之间信息不完全，降低了广告宣传的效果

在不完全竞争市场中，信息不完全必然会引起各厂商之间因为争夺市场份额而带来的多方博弈。假设某种产品市场由 A、B 两家企业瓜分，其中 A 企业为了增加其市场份额，率先将其广告支出预算额增加，而 B 企业仍保持原有的广告预算额不变，那么 A 企业就会因为销售收入增加而增加利润，B 企业由于失去了一部分市场份额造成利润减少。

但如果 A、B 两家企业都想增加各自的市场份额而增加广告预算支出，那么两家企业的利润总额可能都会比以前减少。这是因为该种产品的市场份额本来已经处于饱和状态，两家企业同时增加广告费用支出会导致广告效果相互抵消，各自的市场份额不会增加而成本支出增加，当然会引起利润总额下降，它表明过多的防御性广告会导致社会资源的浪费，从而降低资源配置的效率。

（二）企业合理支出广告费用的对策

1. 根据产品市场发展周期性差异提出适应的广告营销策略

由于产品市场发展存在周期性的区别，就导致了所使用的广告策略也出现了区别。在产品发展的初始阶段，因为产品的品质及价格最受消费者重视，所以这一时期的广告策略的重点就放在了价格以及品质的宣传层面，比如宣传产品的功能、性能、材质以及售后等。进而能够使得消费者对产品的品质和价格都给予特别高的关注，并且能够使消费者认可并且接受该产品，从而对这类产品产生依赖性。这样一来，纵使后期陆续会出现新的相似的产品，考虑到高额的试错成本也会使消费者对

新产品望而却步，从而在“消费者争夺战”中能够在某些方面战胜竞争对手。待产品步入成熟期，此时产品在市场中的地位已经日渐牢固，价格和品质也就完成了内生变量向外生变量的转变。在此时，所有产品的价格以及品质都已经固定，价格以及品质就不再是消费者的首要考虑因素，因此广告策略的重点应该是强化管控消费者的喜好进而直接作用于消费者的选择。

2. 根据边际成本原理，确定合理的广告费用

根据西方经济学观点，当边际收益和边际成本数值相等时，也就是 MR=MC 时，企业才能够实现利润最大。同理，一个企业在追求利润最大化时，最优的广告费用支出也应该是使得广告的全部边际成本（全部边际成本指的是广告费用的单位货币和由广告引起的销售增加所产生的边际成本之和）和单位货币增加的广告边际收益的数值是相等的。不然的话，只要广告的全部边际成本大于广告边际收益，企业能够赚取的收益就会减少。

3. 加强厂商之间的信息沟通，减少恶性竞争

在不完全竞争市场、垄断竞争市场以及寡头垄断市场之中，每个厂商之间常常会出现防御性广告的现象，它来源于恶性竞争。也就是说，如果竞争对手竞相增加广告投资，导致的后果就是所有的厂商的广告投资占比变大、产品的成本支出也随之增加，可是不同厂商的销售数量几乎没有任何涨幅，所有的厂商还是维持着自己固有的市场盘面，进而造成了广告投资资金的浪费。降低各厂商间防御性广告的支出，增强广告投资的回报率，需要不同厂商之间在广告投资方面互相调和、保持诚信、遵守约定，降低关于广告投资资金方面的比拼，调解自身理性和群体理性的问题，争取达到不同厂商之间广告投资所带来的回报率数值最高化。另外，如果各厂商关于广告的投资费用维持稳定，那么各厂商不仅能够结合一些新媒体或是新的广告宣传方式争取预算上的最优选，还可以利用最新的传媒技术来加快广告的宣传速度并且提升宣传的品质，进而能够实现宣传成本降到最低但宣传效果达到最佳的总目标。

# 第二章　人工智能对广告行业的影响

## 第一节　人工智能在广告领域的应用

### 一、自然语言处理技术的应用

由于来自互联网产业和传统产业的各种应用需求的推动，使更多的研究人员和更多的经费支持进入了自然语言处理领域，有力地促进了自然语言处理技术和应用的发展。语言数据的不断增长、可用的语言资源的持续增加、语言资源加工能力的稳步提高，为研究人员提供了发展更多语言处理技术、开发更多应用、进行更丰富评测的平台。近年来，深度学习技术的飞速发展，刺激了对新的自然语言处理技术的探索。同时，具有其他相近学科背景的人员和来自工业界的人员不断加入，也为自然语言处理技术的发展带来了一些新思路。计算和存储设备的飞速发展，提供了越来越强大的计算和存储能力，使得研究人员有可能构建更为复杂精巧的计算模型，处理更大规模的真实语言数据。

自然语言处理研究内容不仅包括词法分析、句法分析，还涵盖了语音识别、机器翻译、自动问答、文本摘要等应用和社交网络中的数据挖掘、知识理解等。自然语言处理的终极问题是分析出“处理”一门自然语言的过程。近年来，随着自然语言处理技术的迅速发展，出现了一批基于自然语言处理技术的应用系统，例如IBM公司的Watson在电视智力问答节目中战胜了两名人类常胜将军，苹果公司的Siri个人助理被大众广为测试，谷歌、微软、百度等公司纷纷发布个人智能助理，科大讯飞牵头研发高考机器人等，自然语言处理渗透到了互联网生活的各个方面。

（一）汉语语言文字信息处理技术方面的进展

汉语语言文字信息处理包括汉字信息处理和汉语信息处理，是自然语言处理的一个重要组成部分。汉字信息处理主要指以汉字为处理对象的相关技术，包括汉字字符集的确定、编码、字形描述与生成、存储、输入、输出、编辑、排版以及字频统计和汉字属性库构造等。在汉字信息处理中，有两个问题最引人注目，一是汉字的输入问题，二是汉字的排版、印刷问题。速记专家唐亚伟先生发明的亚伟中文速录机，实现了由手写速记跨越到机械速记的历史性突破，2005 年 92 岁高龄的唐亚伟获得我国中文信息处理领域的最高科学技术奖——钱伟长中文信息处理科学技术奖一等奖。以北京大学王选院士为代表的从事汉字照排和印刷技术研究的老一代专家，在解决巨量汉字字形信息存储和输出等问题中做出了卓越贡献。1981 年，第一台汉字激光照排系统原理性样机通过鉴定，1985 年，激光照排系统在新华社正式运行。

汉语切分是汉语信息处理的基础，大多数其他汉语信息处理技术和应用都会在汉语切分的基础上进行，因此汉语切分是汉语语言文字信息处理技术中开展得最早的研究主题之一。不同于英语，汉语是以字串的形式出现，词与词之间没有空格，自动识别字串中的词即为汉语切分。不仅仅是在国内，在国际上也有很多学者加入这个主题的研究。国际上最有影响的计算语言学联合会（The Association for Computational Linguistics）下设的特殊兴趣小组（Special Interest Groupofhan）从 2003 年开始组织汉语切分技术的国际评测，一直持续到现在。

以冯志伟教授等为代表的计算语言学学者早期在机器翻译研究方面做了大量的工作，并总结出不少宝贵的经验和方法，为后来的计算语言学研究奠定了基础。清华大学的黄昌宁教授领导的计算语言学研究实验室，主要从事基于语料库的汉语理解，近年来，在自动分词、自动建造知识库、自动生成句法规则、自动统计字、词、短语的使用及关联频率方面做了大量的工作，并发表了不少极具参考价值的论文。东北大学的姚天顺教授和哈尔滨工业大学的王开铸教授等在计算语言学的语篇理解方面（特别在结合语义方面）的研究进行了有价值的尝试并取得了一定的成绩。中国科学院的黄曾阳先生在进行自然语言理解研究中，经历了长达 8 年的探索和总结，在语义表达方面归纳出一套具有自己特色的理论，提出了概念层次网络（Hierarchical Network of Concepts），它是面向整个自然语言理解的理论框架。这个理论框架是以语义表达为基础，并以一种概念化、层次化和网络化的形式来实现对知识的表达，这一理论的提出为语义处理开辟了一条新路。

（二）少数民族语言文字信息处理技术方面的进展

我国少数民族语言文字（简称“民族语言文字”）信息化工作始于 20 世纪 80 年代，30 多年来我国民族语言文字信息处理技术取得了巨大成就，先后有多种少数民族语言文字实现了信息化处理。民族语言文字软件技术的开发和推广应用，对少数民族和民族地区经济发展、社会进步和文化传承起到了积极作用。当前在民族语言文字信息化方面，已制定多种传统通用的民族语言文字编码字符集、字形、键盘国家标准和国际标准；开发了多种支持民族语言文字处理的系统软件和应用软件；多种民族语言文字电子出版系统、办公自动化系统投入使用；各类民族文化资源数据库、民族语言文字网站陆续建成；民族语言文字的识别、民族语言机器翻译等也有一定的进展。通过收集整理各民族语言文字建立的“中华大字符集”，为收集、整理、保存和抢救我国民族文化遗产打下了基础，主要取得了以下四个方面的成果：

1. 民族语言文字信息化平台建设

（1）制定了信息处理交换的规范和标准。在民族语言文字信息化平台建设中，制定一套规范和标准，用于处理和交换各种信息。这意味着平台建设者定义了信息的格式、传递方式、处理规则等，确保了在平台上的信息能够被准确地传递、处理和交换。这样的规范和标准是为了确保平台上各种信息的一致性、准确性和可交互性。

（2）制定了信息处理交换的平台。用少数民族键盘布局标准和常用字体的字形标准，制作了丰富多彩的民族语言文字库。以现有的中文平台为基础，开发符合国际化和本地化标准的支持民族语言文字的通用系统平台。

2. 民族语言文字资源库建设

民族语言文字资源库建设是指在信息技术和语言学的支持下，收集、整理和存储各种民族语言的文字和语言元素，以便于数字化处理和利用。通过建设民族语言文字资源库，可以保护和传承少数民族语言文化，促进各民族之间的文化交流，同时也为语言学研究和语言技术的发展提供了重要基础。

3. 民族语言文字网站建设

建立了蒙古文网站，使得蒙古语言文字在网络上得到广泛应用；在教育部语言文字信息管理司的支持下，建设了藏汉双语网站。

4. 民族语言文字软件研发和应用

（1）蒙古文在20世纪80年代就实现了计算机的输入、输出，研发了一系列字词处理软件、电子排版印刷软件，开发了多种文字系统、词类自动标注系统、传统蒙古文图书管理系统、电视节目排版系统等20多种管理系统。

（2）开发了基于 Linux 的藏文操作系统、藏文输入系统、藏文办公套件、Windows 平台藏文浏览器及网页制作工具、藏文电子出版系统、藏文政府办公系统、藏文软件标准性检测系统、全面支持藏文的 Windows Vista 操作系统、藏文无线通信系统等。

（3）20世纪90年代以来，研发了维吾尔文、哈萨克文、柯尔克孜文、锡伯文等操作系统和应用软件，实现了上述各文种的电子出版，开发了多种支持民族语言文字处理的系统软件和应用软件。

（4）开发了朝鲜文操作系统，开发了朝鲜文、汉文字幕系统和电子出版系统及机器翻译系统，朝鲜文、汉文、英文语音兼容处理系统，朝鲜文文字识别系统等。

（5）开发了基于ISO10646的傣文电子出版系统、傣文输入法软件、傣文书刊、报刊、公文排版软件等；已有十多种彝文信息处理系统问世；1992年“北大方正壮文排版系统”开发成功。

近年来，民族语言文字信息化被广泛应用在语言通信中。2004年我国第一款少数民族语言文字手机——维吾尔文手机问世，2007年中国移动通信集团内蒙古有限公司推出了蒙古文手机。

（三）自然语言处理的研究领域和方向

自然语言处理分为两大类，分别是自然语言理解以及自然语言生成。自然语言理解体系能够将自然语言转变为计算机程序方便处置以及易于把握的语言。而自然语言生成体系是将和自然语言相关的计算机数据转变成自然语言。自然语言处理是关于如何让机器能够理解和处理人类语言的问题，我们通常使用文本和语音翻译来形成自然语言，根据不同的研究领域，我们可以将自然语言处理分成以下几个方面进行研究。

1. 文字识别

文字识别需要计算机系统的帮助来自动辨别印刷体和手写体的文本，将这些文本再转化为计算机能够处理的电子文本。关于文本的辨别，重点是探究字符的图像辨别，针对级别较高的文本辨别系统，一般还需要同时具备语言理解技能。

2. 语音识别

语音识别又称自动语音识别，其目的是一种将人类语言中的词语转换为计算机可以识别的书面文字。语音识别技术可以应用于语音拨号、语音导航、室内设备控制、语音文档检索等方面。

3. 机器翻译

机器翻译是利用计算机程序将一些文本或者演讲内容由一种自然语言自动翻译为其他语言的过程，也就是将自然语言中的一些字词替换成计算机系统能够识别出来的字词，再结合语料库技术让复杂程度较高的语言也可以自动翻译。

4. 自动文摘

自动文摘指的是结合应用计算机技术，处理指定的文章完成摘要，也就是将原文档中的大致内容以及意义自动概括、总结、凝练、缩写并且生成摘要的过程。机械文摘属于经常被使用的自动文摘，按照文章的基本特点精炼出在文章中最能体现文章主旨的原句，再将其连贯起来形成摘要。

5. 句法分析

句法分析也称为自然语言文法分析。句法分析结合自然语言的语法和与其相对应的知识来确定构成输入句的各部分的作用，进而创建一种能够获得输入句的含义的数据构造的新技术。

6. 文本分类

文本分类也称为文档分类，指的是按照一定的分类体系以及分类准则，利用计算机对文本内容进行自动识别，达到文本自动归类的目的，文本分类分为学习、分类两大步骤。

7. 信息检索

信息检索也被称为情报检索，指的是在海量文档中结合计算机系统找寻用户所需的对应文档的搜索方式以及搜索过程。

8. 信息获取

信息获取指的是在数量较多的文本中利用计算机自动抽取某一特定信息，进而在数据库中生成结构化数据，以便于方便搜索引用的过程，目的就是为了准许统计构造化的资料。

9. 信息过滤

信息过滤指的是利用计算机系统自动识别功能将一些符合特定要求的文档信息筛选出来的过程。依照一些具体的要求，将损害网络的信息自动辨别、筛选并且删除的过程，经常被用在信息安全防护方面。

10. 自然语言生成

自然语言生成是一种技术，它将语义信息的内部表示转换为自然语言的文字串。这种技术涉及将深层次的语言结构转化为表面层次的语言结构，也可以看作是自然语言理解的逆向过程。

11. 中文自动分词

中文自动分词指的是利用计算机系统对中文文本进行词语自动切分的过程。它属于中文自然语言处理过程中最基础的流程。

12. 语音合成

语音合成也称为文语转换，是指把书面文字自动转变为相应的语音表象。

13. 问答系统

问答系统是利用计算机系统帮助人们理解他们提出的问题，通过自动推理的方法，在相关的知识资源库中搜索答案，然后提供相应的解答。这种解答技能结合了语音技能、多种形式的输入输出技能以及人机交互技能，共同构成了人机对话系统。另外，自然语言处理的探究范围还扩展至语言教学、词性注释、校对、辨别发音、分辨、查验等方面。

## 二、机器学习技术的应用

人工智能时代，提高广告内容生产效率的手段从传统的广告编辑行业经验的积累转变为机器学习。人工智能时代的广告基于海量数据的输入，通过算法归纳总结做出决定和预测，通过机器学习的方式，极大提高了广告生产的效率，又不乏创意性。例如，阿里巴巴的人工智能设计师通过智能机器内部事先设计好的模型和算法，在“双十一”期间仅用一秒的时间就完成高达 8 000 张旗帜海报的设计，与工业时代的大规模复制相比，这些广告的内容具有个性化的创意。

人工智能及机器学习技术的应用数量在持续增长。从 iPhone 及苹果公司其他设备上的 Siri 程序，到自动驾驶，再到 Google 的人工智能（可以在几个小时内就能学会如何打视频游戏），在过去几年中，人工智能明显变得越来越主流。由于社交媒体以及用户在互联网上随意浏览而留下的大量数据，人工智能在数字营销方面具有巨大的潜力，并在改善数字广告购买和优化方面开始逐渐应用。随着数字化时代的到来，广告推广已经从纸媒转向了网络媒体，但是如何让广告更加精准、有效地传递给潜在用户，一直是广告人的难题。随着人工智能的不断成熟，机器学习技术也越来越广泛地应用在广告推广中，帮助企业更加精准地投放广告，降低了广告推广的成本，提高了广告效益。

（一）机器学习技术在广告定向推广中的应用

广告定向推广是指通过对用户特征进行分析，将广告投放给具有一定特征的受众。在传统投放方式中，广告会被投放给一定范围的人群，而机器学习技术则可以对用户数据进行分析，让广告投放更加精准，避免浪费推广资源。在这方面，机器学习技术可以在以下几个方面进行应用：

（1）用户兴趣和情感分析。通过对用户的搜索历史、浏览记录、社交媒体等数据进行分析，机器学习可以对用户的兴趣和情感进行分析，从而给用户投放更加符合其兴趣的广告。

（2）地域定位。机器学习技术可以将用户数据与地理信息进行结合，从而更加准确地分析用户的地域信息，让广告投放更加精准。

（3）人口统计学分析。通过对用户数据进行分析，机器学习可以对用户的性别、年龄、教育程度等人口统计学信息进行分析，从而给用户投放更加符合其特点的广告。

（二）机器学习技术在广告内容制作中的应用

广告内容的吸引力和亲和力是影响广告效果的重要因素之一。在广告内容制作中，机器学习技术可以帮助企业制作更加有吸引力的广告内容，提高用户的点击率和转化率。在这方面，机器学习技术可以在以下几个方面进行应用：

（1）情感分析。通过对社交媒体和其他用户数据进行情感分析，机器学习可以帮助企业了解用户对不同广告的喜好，从而制作合适的广告内容。

（2）创意优化。机器学习可以通过对广告内容的分析和评估，从而进行创意优化，帮助企业制作更加优秀的广告。

（三）机器学习技术在广告效果评估中的应用

广告效果评估是广告推广过程中非常重要的环节，它可以通过分析数据，了解广告是否有效，从而进行优化。机器学习技术可以在以下几个方面进行应用：

（1）广告效果预测。机器学习可以通过对用户数据进行分析，预测广告效果，从而帮助企业了解广告可能产生的效果，进行投放策略的调整。

（2）数据分析。机器学习可以通过对广告投放时的数据分析，了解广告推广情况和用户反馈，从而确定广告策略，进一步优化广告效果。

机器学习技术在广告推广中的应用，可以帮助企业更加精准地投放广告，提高广告效益。机器学习技术在广告定向推广、广告内容制作和广告效果评估方面都有广泛的应用。未来，随着机器学习技术的不断发展，广告推广将会更加智能化、更加高效。

## 三、视觉识别技术的应用

（一）视觉识别技术在广告领域中的主要应用形式——AR

人工智能视觉识别技术指的是借助相机、录像机等一些传感器设备再结合机器视觉算法使得视觉设备具备了人眼的性能，进而能够进行物体辨别、查验等方面的操作。

AR 扫一扫当选为人工智能视觉识别技术在广告范畴中普及程度最高的一种识别技术，广告主们能够在或虚或实的视觉互动体验过程中尽情发挥自己的想象，让 AR 营销的形式变幻多端，使得触发方法能够将跨屏互动变为现实，让消费者更加陶醉于 AR 的世界，真正达到场景化营销的目的。例如，2017 年的夏天，百事可乐极具社交化与娱乐化特色的 Logo 表情包横空出世，消费者打开 AR 扫一扫，扫一下瓶身的 Logo 图案，该图案就会动起来，同时还能播放音乐。再比如，消费者在使用摩拜单车之前用对应的 App 上的 AR 扫一扫，扫描一下车筐中的图案，就会有一只 AR 猫咪出现在车筐中对着消费者做出一些可爱的动作，十分有趣。

1. AR 扫描功能

在图像识别以及物品识别技术基础上进行优化产生了 AR 扫描。AR 扫描是通过相机收集所处环境中的有用信息，再进行和相机存储中有标记的内容配对，找到互相匹配的信息，刺激环境中的 AR 媒介所收集的记忆点上的信息记录，再结合有效的沟通形成智能化的文本含义。用户利用手机借助 AR 媒介的 3D 物体识别技术就能够搜索到隐藏在三维空间中某一位置的虚拟物体，在不同的真实场景中展开地毯式搜索，就能够展示出类似于影视中出现的美轮美奂的立体 3D 影效，从而减轻用户的心理防御，进而实现全过程的虚拟故事情节的互动。现在，在新零售的形势下，AR 变成了能够打开新零售科技营销大门的密钥，用户能够利用 AR 扫描功能找到线索，尝试一下提前设置好的剧本游戏，并且感受一下现场氛围，学习品牌文化。企业可以利用 AR 技术为顾客提供独特的购物体验，通过这种新的互动方式改善企业形象，增加吸引力。星巴克运用了 AR 的物体识别技术以及三维立体技术，顾客使用手机中的 AR 扫一扫，就能够走进星巴克咖啡豆制成咖啡的故事世界，如此一来，就可以宣传星巴克的品牌理念，同时顾客也能够将自己的全身心都置于星巴克的零售活动中。以上就凸显了 AR 体验式营销最亮眼的闪光点。

2. AR 感应功能

AR 感应的应用形式主要是利用 AR 的实时交互性功能和图像追踪功能，受众只要到达 AR 标志处，AR 广告大屏中的立体 3D 影像就会立即出现在受众眼前并与他们互动，完成实时交互指令。多元内容的丰富性特点满足了目标受众多样化、多层次的信息需求。AR 广告通过大屏媒介传播，带来了新颖的内容，改变了以往线下广告单向传达信息的方式。它增加了受众的参与和反馈，激发了线下场景营销中的 IP 形象，使广告更加有趣。AR 在广告中的应用有着极为广阔的发展前景——迪士尼就是 AR 大屏广告的忠实追随者。多年前迪士尼就已推出了 AR 营销广告。例如，迪士尼的某一次大型纪念日活动现场，美国纽约街头就出现了各种各样经典的迪士尼动画人物，路人只要站在 AR 标记点，眼前便会出现各种迪士尼人物，并且还能与他们欢乐互动。AR 广告通过大屏媒介传播的成功营销，让迪士尼实现了 IP 形象和受众的实时交互。

3. AR 体验功能

AR 体验的应用形式主要利用 AR 真实环境与虚拟世界融合的特点，将二者融合后的场景呈现给受众。媒介场景将隶属于不同社会场景的人组合在了一起，满足了人们的使用需求。AR 体验功能能够赋予产品高度的沉浸感，受众只需打开 AR 应用即可获得三维空间的 3D 物体和人，还可以任意调试虚拟物体和真实环境的匹配度，从而达到预体验产品的效果。宜家的 AR 应用 IKEA Place 可以让顾客把产品的 3D 模型置入预想好的位置，体验产品的匹配度和适应性。客户得到的不再是二维的数据，而是三维的指标。宜家这款 AR 应用能满足受众的不同喜好，以及对不同风格、不同环境家具匹配的充分想象。

4. AR 滤镜贴图功能

AR 滤镜贴图的应用形式是利用 AR 技能特效生成各种趣味性强、具有各种效果的图纸，在自拍、拍照或直播时，这些图纸可以被选择是否出现在屏幕上，同时 AR 滤镜贴图还能够精准感应，并人脸识别追踪，形成新的效果。这种 AR 滤镜贴图的应用形式为社交带来了更多的娱乐形式，优势明显。

在自拍潮流中，以美图为代表的特效相机就可以利用 AR 图纸给人脸带来不同的萌、酷、趣的效果，而受众也可以自由选择各种特效的 AR 图纸，以满足自拍的美颜需求和不同喜好。

（二）视觉识别技术与程序化广告投放

传统的视频广告在视频播放的前后及中间插播，存在的问题是受众在广告时间段分心做其他事情，对广告没有给予关注，或者觉得视频中的广告打扰了观看，影响观影体验。广告商希望增加广告时长以提高品牌推广度，而受众希望缩短广告时间，二者的愿望是相互冲突的。针对这一矛盾，广告商可通过语音与受众互动，以正在播放的广告相关的问题进行提问，如果受众能够正确回答，则可跳过广告。

在广告插入时间的选择上，在线视频公司正在开发新的技术以识别视频中的人物、物体和内容，这是机器学习研究应用于广告营销的重大新成果，过去视频内容的标签化处理是通过人工进行简单的文字标签化的，不过这种文字标签的形式并不精准，同时也难以让视频被充分开发利用。而人工智能则可以识别视频中的人脸、动作、商标等具象内容以及一些抽象的事物，如日落的景象、婚礼等，识别误差率仅为3.5%，可以做到比人眼更准确。通过机器视觉识别，可以帮助广告实现精准投放。

不过，实际运营效果能否达到宣传的效果还有待检验，例如，YouTube公司曾由于在极端视频旁边展示英国政府的广告，遭到英国政府的传唤，并被英国广告主抵制。借助于“程序化广告”的方式销售广告位，在线广告的位置就可以由算法确定，在线广告会基于用户之前的浏览行为所呈现出来的兴趣、地理位置等数据进行显示，但显然其只考虑到广告受众，而没有考虑到视频内容对广告品牌方形象的影响，现在在线广告不得不允许客户自主选择视频的类型，使之可以控制广告出现的位置。由此看来，在线广告的程序化购买还有不少技术之外的新问题需要解决。

## 四、深度学习技术的应用

经过近十年的飞速发展，深度学习已经被广泛应用于计算机视觉、语音与自然语言处理等各个领域，并向更广阔的领域延伸，这里介绍一些常见的应用场景。

### （一）计算机视觉

计算机视觉是指计算机利用图片、影像等媒体数据来理解社会中的算法和技术。换句话说，它使得机器能够模拟人类视觉系统而进行工作。在现实生活中，计算机视觉的应用范围很广，包括图像分类、目标检测、图像分割以及图像恢复等任务。

近年来，深度学习在计算机视觉领域取得了重大突破，相关算法的精度已经远远超过了人类。

（二）语音与自然语言处理

自然语言处理涉及计算机理解、解析，以及与人类语言互动的算法和技术。这些算法能够处理声音和文本数据，将它们转换为可输出的音频或文本格式。我们经常遇到的自然语言处理工作包含情绪剖析、声音识别、声音合成、机械翻译以及形成自然语言。深度学习算法将自然语言处理模型端到端的训练变为了现实，从而舍弃了原始数据输入中手工设置的性能。

1. 语音识别研究发展历史

紧跟现代信息技术的时代潮流，人们开始关注将人类语言和人工智能互相融合，实现语言能够直接对电脑下达一定指示的目标。探究语音识别技术的目标在于使计算机能够实现人类语言口令的解读，完成人类和计算机的智能化交流。但是目前人们还是需要借助语音识别、语音编码以及语音合成这三种技术的帮助来达到这一目的。最早可以追溯到 1950 年初，科研工作者就已经开展了语音识别方面的探索活动，也可以说是语音识别技术的最初形态；到了 1968 年，科研人员研究出了动态时间扭曲算法，此算法中蕴藏的某些技术一直沿用至今；直至 1980 年末，出现了新型混合模型智能识别器，被称为是世界上最早出现的语音识别产品。回望语音识别技术的发展历程，人们能够认识到科研人员关于语音识别的探究，在很长一段时间停在了语音表面表达方式以及计算机神经网络的层面，直到 21 世纪初，人们才开始注重以大数据及人工智能深度学习的语音技术为基础的探究，并且在此方面获得了较大的成功。

2. 基于深度学习的语音识别方法

（1）语音拾取和提取特征

语音识别技术中最关键的环节就是语音拾取，在语音拾取中最重要的两个部分是采样与端点检测。关于采样指的就是收集人们说话的声音数据样本，进而再通过电脑中储存的语音数据转换器把收集到的语音信息样本转变为电子声音信息，采样程序属于语音拾取的最初阶段，在整个取样过程中，都需要在收集的电子声音数据中使用最高频率两倍以上的频率，这样一来就能够防止因为低频导致的失真情况的发生。

在有噪声的环境中适合使用端点检测，将收集到的语音样本采取噪声和语音分开识别的方式，减缓语音编码速度，降低宽带网络以及设备资源的耗费，这也被称为语音活动检验，具备加快识别速度的功能，而实施端点检测的工具是语音边界检测器。如今，在端点检测过程中还存在两大困难需要克服，首先就是关于检验环境中出现的其他噪声，应该采取噪声和正常语音分离探究的方式，目的就是为了能够以较高的精准度识别语音参数，收集人声信息。其次是关于前后端的准确程度，因为人类在发出声音至被语音检测设备接收到的过程中会有一个较短的时间差，表现在语音波形上就是在开头、结尾产生的一些无效数据，经常会被人们处理掉，进而使得被识别的语音和原稿会有些许的差别。端点检测属于语音识别过程中的预处理流程，一般会使用能量和过零率结合在一起的算法，找出符合标准的语音特点，摘取有用的信息予以识别。

（2）模拟训练与语音识别判断

模拟训练包括两个重要部分，一部分是训练，简单地说就是用某一种识别方法，通过训练获取相关的语音信息，并保存为参考模板，建立参考模板数据库。另一部分是分别对比样本和参考模板，将相似度比较高的语音样本作为识别字表示出来。实现这一过程的技术方法主要有三种：

1）对语音特征提取的结果模板直接保存。在模拟训练过程中，对提取的语音信号进行识别特征提取，提取出相应的识别字，识别字具有向量序列，通过与各模板之间进行比较，将序列距离最短的判定为所需要的语音信息。计算距离时，应整体考虑训练模板中相同的字母或单词的瞬时速度不同，计算模板信号时，应合理应用时域内弹性匹配概念。

2）不要把每个汉字都看作是由特征向量来识别和保存的。举例来说，假设“ai”代表某个状态向另一个状态转移的概率，而“bi”表示某个状态生成不同输出的概率。在实际学习中，我们需要根据每位讲话者的声音特点来正确估计“ai”和“bi”的值。在序列学习的过程中，我们尝试找到最佳的转换路径，使得从初始状态到最终状态的输出概率最大化。如果“ai”和“bi”的值是固定的，那么每个训练序列都会得到相同的输出概率。为了解决这个问题，我们需要采用最佳的路径选择方法。通过与实际情况的结合，以最佳的路由选择作为基础，合理地对计分规则进行设置。具体到每一个语音的识别时，可以通过计分求法的方式，借助状态图的模型计算出需要识别的汉字语音，得出相应输出的概率特征。这种方法又被称为基于 Markov 的隐形识别模型。

3）解决了动态语音时间问题。选择正确的方法，将私有声音分割成 $n$ 个部分，并计算每个私有声音部分的平均值（取中间位置）。然后，找到 $n$ 个属性向量，作为模板。

（三）推荐系统

所谓推荐系统，就是一种有效的信息筛查工具。由于网络科技的不断发展，互联网逐渐渗透到各行各业，互联网的接入、个性化的发展趋势以及用户使用计算机的习惯等因素，使得推荐系统逐渐流行。常见的推荐系统主要包括书籍、电视剧、电影等方式的推荐，推荐系统主要是以用户的行为为基础，对可能性的产品提供相应的建议以及评价。虽然，现在的推荐系统逐渐成熟，但还是面临着推荐的准确性以及可伸缩性等问题。

传统意义上的推荐系统，就是将用户的需求作为输入的内容，推荐系统根据输入的用户需求把所收集的数据信息汇集并发送到用户的系统中。但是，随着网络科技的不断进步，推荐系统也得到很大的改善，以原本的系统为基础进行了扩展，推荐系统能够将用户的兴趣爱好进行结合，使所收集到的数据更加具体、更加人性化，推荐内容所涉及的范围也更加广泛，包括影视娱乐方面、购物方面以及沟通社交方面，都会出现在系统所涉及的范围中。所谓传统的推荐系统，是按照推送方式进行分类的，可以分为以协同过滤为基础的推荐系统、以内容为基础的推荐系统、综合性（混合）推荐系统。

1. 以协同过滤为基础的推荐系统

以协同过滤为基础的推荐系统，其指导思想主要是以用户所操作的行为特征为基础，进行目标推测，将要进行相关查询的内容一一列举出来。这种算法主要包括两种类型，一种是以用户为基础的，另一种则是以物品为基础的。在具体的实践过程中，以物品为基础的推荐要比以用户为基础的推荐更加适合实际需求，这种算法的优点是结构较为简单，更容易在技术上实现，系统的准确性高。但是也有缺点，其中最主要的就是数据量缺乏，时效性较差，同时随着运算的难度逐渐增大，其所反馈的效率也会降低，从而造成推荐内容的缺乏。

2. 以内容为基础的推荐系统

以内容为基础的推荐系统主要依赖于提取用户浏览物品的特征数据。根据用户的操作行为，系统将用户的浏览偏好与物品特征相结合，从而进行推荐。这种系统还能推荐与用户兴趣相似的物品。其优点主要是效率较高；缺点则是提取的特征内容过于简单，推荐的内容缺乏新鲜感。另外，所推荐的内容仍然需要之前的操作痕迹，如果是新注册的用户，将无法提供推荐内容。

3. 综合性（混合）推荐系统

以上两种推荐系统都能够按照用户的特点予以推荐，可是所有的系统都会受到不同程度的限制，那么将单独的推荐系统的优点组合到一起，再进行完善优化，就形成了综合性推荐系统，它事实上就是将是各自的算法重新整合之后生成新的推荐算法。当前大致有七种混合算法的战略，与之有关的设计构思分别是整体式算法、并行式算法、流水式算法。

（四）风格迁移

深度学习不但能够在技术及工业范畴内发挥出强大的功能，还在文化艺术范畴中蕴藏着巨大的创造潜能，最为典型的就是风格迁移。例如，图像处理，图像风格迁移算法就是指利用确定的一幅输入图像作为基础图像，将另一幅图像当作是想要获得的图像风格，算法将图像风格转换的同时还要确保内容图像的组织，最终要让输出的合成图像与输入图像在内容以及风格方面能够完美融合。图像的风格蕴含了各种不同的意义，诸如图像的色彩、纹路、画家的笔法，又或是图像自身所表达出的一些不易形容的元素，都可以代表图像的风格意义。经过深度神经网络基于大规模图像分类的优秀特性的启示，再通过其较强的不同层次图像特点的收集和表达技能，可以更好地收集或者迁移不同的图像风格。

## 第二节　人工智能对广告营销的影响

### 一、人工智能下广告营销商业模式

（一）人工智能下的广告营销的运作机制

以消费市场为中心开展的广告营销活动，大致包括调查顾客需求、设计广告内容、传达商品诉求、投放广告并广泛宣传、借助宣传活动带动销售业绩等。在广告营销活动中应用人工智能，人工智能可以在洞悉顾客需求、产生创意、投放广告、效果评价四个方面发挥出巨大作用，这同样也是智能广告的运行机制。

1. 基于人工智能的消费者需求洞察

产品营销活动的发展方向是洞悉顾客需求，通过创建用户画像来洞察客户实际需求是人工智能下的用户分析。用户画像是以目标客户的一些相关数据来建立的，是每位实际用户的虚拟代表。用户画像借助保存在服务器上的大量日志以及数据库里的海量数据能够获取顾客的性格特点、线上浏览内容、线上社交活动以及消费轨迹等个人信息，将这些信息抽象成标签，然后通过多方面、立体化的社会网络解析技术来分析并预判客户对广告的需要、行为和态度；通过发掘消费者和广告之间的直接或间接关系，促使品牌商品、用户数据以及广告目的在某种程度上互相配合，进而精准确定公司的广告对象。对于用户画像在洞悉消费者需求方面的实际运用，在生活中屡见不鲜，比如微博的进入广告，浏览淘宝商品时的宣传广告以及刷抖音视频时的推荐广告，等等。基于人工智能的消费者洞悉，促使广告作用的对象从模糊的受众群体变为精确高效的具体客户，准确推送满足顾客需要的商品基本信息和广告内容，促进广告定制化服务和个性化的实现。

2. 基于人工智能的广告创意产生

新的广告创意为营销活动提供了内容活力，智能机器和广告人共同参与人工智能下的广告制造过程。人工智能主要负责资料的搜集、归类以及整理，广告人员主要负责借鉴这些素材来创作广告，二者协同合作能够提高广告创作的效果和品质。通过对某种文件、图形以及视频等广告组成成分进行切分来实现广告创意的产生，具体体现在从图片中获取对象、从文本中获取关键词、从视频中获取画面等方面，进而产生包括广告文案、产品 Logo、产品以及背景等因素的大量资源库。另外，广告内容的自动化产生能够通过人工智能中的机器学习得以实现。这是一类通过自主学习来获取一定领域的学识本领并处理有关问题的方式，计算机程序通过对视频广告、平面广告以及广告文案等与制作广告有关知识的学习，可以形成广告内容算法，即只要输入有关关键词就可自动产生满足要求的许多广告。比如，由阿里巴巴推出的四款智能产品，以数据的不断更新演变为基础，可以将各类广告应用到实际工作中。“鲁班”具备智能创造、一键生成、智能排版和拓展设计四个主要功能；“顽兔”可以同时处理 1 000 张图片并批量上传以及 20 张抠图；“智能文案”每秒可以写出 20 000 条优秀广告文案；“智能海报”具备海量的推荐模板，并且可以一键制成 H5 营销海报。借助人工智能来制作广告，可以使广告人员脱离简单重复的处理工作，进而将注意力集中在广告内容的创新上，促进了通过减少广告内容生产难度来实现广告生产效率和准确性的提升。

3. 基于人工智能的广告投放

合理选择广告播放平台为营销活动提供了传播途径，基于人工智能的广告投放是指根据算法推荐，在适宜的时间、地点向有需要的消费者推送广告内容。与数字化的客户生活方式衡量系统进行对照，算法推荐在精准识别客户的生活情景基础上，利用流程化投放设备来改善广告投放媒体组合，把个性化广告有针对性地投放给有需要的消费者。对于投放广告的时间和空间，人工智能系统可以按照用户的状况实时投放广告，使广告投放场景更加智能化。另外，人工智能中的图形、语音识别功能能够对客户的心理和生理展开分析，进而与信息精确对应并提供定制化服务。企业网络营销的必要手段为在社交平台上投放广告，但由于网络平台用户基数大、分布范围广，所以保证广告投放的精准性是企业网络营销的核心。比如腾讯等平台充分发挥大数据搜集和人工智能技术的优势，结合定向能力工具“Lookalike”，帮助企业解决广告投放中的难题。通过这一工具，平台能够精准地分析用户数据，找出与企业目标用户群具有相似特征的潜在客户。借助实时数据和智能算法，广告投放系统能够准确决策，在合适的时机、合适的地点，将广告展示给这些潜在的客户，从而提高广告投放的精准性和效果。

4. 基于人工智能的广告效果评估

广告投放效果的评估为营销活动提供了量化结果。人工智能下的效果评估是在广告投放过程中实时监测广告效果，通过数据建模和用户验证来优化和调整广告策略。广告投放媒介有内容语义型媒介、消费者使用型媒介和购买转化型媒介，它们记录了从广告曝光到消费转化的全链路完整数据，能够反映广告活动的实际效果，投放效果的测量就来源于智能算法从上述媒介中追踪到的消费者行为模式的智能推理运算。基于机器学习的方法（层次聚类、神经网络、主成分分析等方法），计算机程序可以根据实时渠道中不断变化的消费者反馈数据对广告投放触点进行算法模拟，从而更新并重构广告投放媒介的关键指标体系，实现智能化场景应对和动态调整。例如，谷歌推出的广告效果归因工具“Google Attribution”，能够借助人工智能和云平台来帮助广告主追踪广告在不同设备和渠道的营销效果，从而帮助企业分析广告是否有效。数据驱动归因是一种利用机器学习技术来分析销售和转化过程的方法。它通过计算消费者在购买过程中每个步骤的实际贡献，从最早的品牌认知到最后的点击购买，全面考虑每个环节的影响。人工智能下的效果评估不仅能提高广告效果的可见性，还能优化广告发布效果，从而避免广告资源的浪费。

5. 基于人工智能的广告客户服务

除了以上的应用外，人工智能还可以帮助企业改善广告客户服务。比如，我们可以利用智能机器人来提高广告客户服务的效率和质量。在处理投诉和反馈信息时，我们可以利用自然语言处理技术来进行语音和文字的识别和分析。同时，智能机器人也可以帮助企业处理常规的客户咨询和问题解决，从而提高广告客户服务的效率和满意度。

总之，人工智能的发展为广告营销领域带来了前所未有的变革机遇。通过应用人工智能，我们可以实现更加精准、高效和智能的广告营销策略。然而，我们也需要在实践中不断地进行探索和创新，不断优化和调整人工智能的应用，为广告营销领域的发展带来更加丰富和多样的可能性。

（二）广告营销模式

1. 社会化的营销模式

社会化的营销是利用博客、微博、微信、百科等社会化媒介展开行销、公关、市场拓展等的一种营销模式。社会化媒体又被称为对话式营销，其与传统营销的最大区别是强调与受众的互动，受众通过自动参与来构建一种稳定、持续的公共关系，社会化营销属于互联网广告营销的全新模式。如今，该模式也出现了变革，利用整理分析技术可以对庞杂的社会化的媒体受众进行分级，让信息传播更具针对性，让网络虚拟交流转化为现实互动。

2. 精准化的营销模式

精准化的营销是在整个广告营销中以精准为核心，包括市场定位、价格定位、投放策略等所有相关环节，都可以利用网络技术来达到精准实施，进而全面地降低广告营销成本。为广告商和消费者带来实际回馈的营销活动相比于传统广告的营销模式，精准化的营销具有可控性强、实效性高等优势，但最显著的优势是其精准性贯彻于广告营销所有的环节，并集中体现在受众精准、成本精准和效果精准三个方面。

3. 个性化的营销模式

个性化的营销是指在企业营销过程中，针对所有消费者的个性化需求，从广告营销的所有环节都能够创造性地向消费者提供可满足其个性需求的广告信息和服务，是一种以消费者价值为导向的营销模式。现代信息技术的发展与成熟，为个性化营销提供了强有力的技术保障，让其可以更好地针对受众需求生产并传播广告信息，以充分满足消费者多元化、个性化的需求。相比于以往的数字营销，网络营销出现了明显的变化，并且提升了其专业性和新颖性。

4. 短视频广告营销模式

在人工智能背景下，短视频广告营销的人性化特征越来越明显，通过精准营销可以促使更多的用户参与到视频的播放、点赞与互动中，这样可以获得更为明显的宣传效果，以达到更理想的营销效果。

（1）“病毒式”短视频广告营销模式

从该种广告营销模式来看，其是在“病毒式”营销与短视频营销发展的基础上，将涉及的营销信息快速地复制并传播给更多的受众，利用广告受众的人际网络来实现营销信息的“病毒式”传播。

（2）植入式短视频广告营销模式

这种广告营销模式属于一种隐蔽式的广告传播方式，通常将具有优质内容的短视频与广告产品相结合，既可降低用户对广告的抵触心理，还能促使用户主动了解广告传达的信息。

（3）信息流短视频广告营销模式

从目前的广告营销模式看，其中最易受到用户排斥的就是在观看体验过程中被强行植入广告，这会大大降低用户的体验感。因此，为了使产品的商品化与用户的体验保持平衡关系，信息流广告应运而生，且能被用户与广告商同时接受。

## 二、人工智能下广告效果评估体系

### （一）网络广告效果评估体系新面向

网络广告效果评估对数据来说具有无误性、合理性以及可统计性等优势。其评估方式主要有三种：第一种是对访问网站的统计，主要是用于监管网站中广告的发布情况、访问情况，并对上述情况进行分析，然后对得出的数据进行整合，从而以报表的形式呈现出来。第二种是对用户数量进行统计，通过对不同种类、不同类型的用户数量以及电子邮件的数量进行广告投放，观察广告投放后是否会增加，从而判断出网络广告投放的效果如何。对网络广告的投放效果进行评估，主要涉及两个层面，一种是主观评价，另一种则是客观评价。主观评价包括分析产品的曝光度、关注度趋势以及对产品品牌的认知度评价；客观评价主要包括网站每日的浏览量、访问量、回访量、平均每人单次所浏览的网页数量以及网页转化成的数据统计。对网络广告效果的评估可以运用下面的公式进行估算：网络广告效果=受众访问数量×广告有效接触率×广告产品销量。第三种是基于用户互动和反馈的分析。这种方法通过监测用户的点击率、转化率、评论和分享等行为，来评估广告在网络上的效果。例如，广告的点击率表示用户点击广告的比例，转化率表示用户点击广告后实际进行购买或注册等操作的比例，而用户评论和分享则反映了广告内容的吸引力和影响力。

综合考虑以上三种评估方式，网络广告效果评估不仅关注广告的曝光度和点击率，还深入分析用户互动和数据反馈，从而全面了解广告对受众的影响程度和广告传播的效果。这种综合评估方法能够更准确地判断广告的实际效果，为广告主提供更有针对性的改进策略和决策依据。

美国著名的“营销天才”约翰·沃纳梅克在一次采访中提到了“哥德巴赫猜想”，通过欺诈网页流量、机器人自动点击等手段，导致了每年有近一半的广告营收额浪费。在广告投放中，由于数据统计的不透明、不完善、不合理，无疑给定量分析增加了难度。智能算法的架构以及对数据挖掘的分析，提升了广告效果评估的合理性，使结果更加准确。智能合约协议和识别机制实现了广告效果呈现方式的去中心化和透明性；高用户识别度和智能优化匹配满足了广告效果质化评估的合理性和独特性。

（二）人工智能应用下广告评估的变革

1. 广告评估方式的智能化变革

当今社会，科技的不断进步，各行各业都开始实行智能化，因此对于获取广告效果的数据也开始实行智能化，不再通过人们对资料的收集与研究分析，而是以“媒体归因程序”为依据运用辨别情绪的软件以 3D 智能技术追踪广告效果数据。这种智能化方式能够获取浏览者通过什么方式获取的广告，对于数据的分析方式也发生了变化，主要是以机器学习为基础对预测的广告目标进行准确分析。这种智能化方式能够对数据进行全方位、多层次的深度分析以及多维度的比较，将不同时间、不同方式所投放广告的效果进行分析，并且以一种较为直观的方式展示出来。对于智能技术对广告的评估褒贬不一，可以肯定的是智能技术对广告投放效果的评估带来了积极的改革，但是还有一部分专家表示，智能广告无法摆脱数据研究过程中的“数据的孤岛”与数据加密防护对智能技术在数据分析和处理方面的直接影响。

2. 广告评估工作模式的高效化发展

广告评估工作模式由原本只能依靠人力来完成数据的收集与分析，开始向智能收集数据与人机协同的工作模式进行转变，因此，评估人员的工作重心也发生了变化，从之前以收集数据为主变成以数据分析判断为主。以大数据和人工智能为基础，广告效果的评估人员，只需要添加相关代码，这些数据就可以出现在自己的媒体方所搭建的检测平台，也可以来自其他的检测机构，在对数据收集完成以后，智能机器会运用聚类分析法以及归因分析法等方式分析出数据与数据之间的关系，探究其中的关联以及重要因素，并在智能机器的支持下，不断更新信息的传递方式，优化和完善广告所带来的效果，从而进一步提高广告所带来的收益。

3. 广告评估环节的协同性转变

由于相对传统的测评技术具有的局限性以及事后对数据进行收集的落后性、迟延性，这就导致了以往传统的广告作业，其流程是单一的、有秩序的、一次性的，其效果的评估也是较为独立、相互之间没有联系的环节。但是，智能技术的加入，使广告的运作不再像传统那样需要先投放再进行反馈，而是形成了一种新型的方式，以广告投放效果为桥梁，通过深入研究消费者需求并利用创意实现精准投放的全流程闭环运作模式，建立一个完整的广告智能运行系统。在这个系统中，智能技术的引入使得监督机构能够随时监控数据，实时观察和测量广告每个阶段、每个过程的变化情况。因此，广告的智能化评估逐渐采用智能估测方法，并能及时整合各种信息，进一步实现了广告流程的闭环运作。

（三）网络广告效果评估体系的特点

智能技术的不断发展给整个广告效果的评估体系带来无限的动力，提供了新的逻辑。网络广告效果评估体系主要是以人工智能为基础，从方式、观念以及模式三个方面实现组合。

1. 以消费者为中心的评估指标

美国著名的未来学家托夫勒在《第三次浪潮》一书中提到：消费者更加注重产品的生产过程，并且演变成了“生产的消费者”。在人工智能时代下，消费者的消费心理也发生了巨大的变化，以一种无规律的形式呈现，以流量为核心的线性逻辑基础，早已无法满足人们对新时代变化的需求。如今，广告市场主要是以消费者为中心，企业则需要能够表现出反应效果以及心理状态的相应标准。因此，作为广告商就需要明确在市场营销中所需要的是什么，要更多使用智能技术深入探究消费者，观察消费者的心理变化。在人工智能时代里，广告商可以时刻对广告的投放进行实时监测，能够及时反映投放效果，从而获取准确的反馈结果。广告商需根据获取的不同反馈结果，制定出具有针对性的应对手段，并且及时采取相应措施，对广告投放的内容进行实时优化。对于人工智能，我们可以采用多源终端，例如 PC 端、OTT 端以及移动端等不同的平台，组建出新型的多媒体形态，例如文字、照片、动态图等不同的变现方式，采取综合性较强的指标体系对广告投放效果进行评估，并探究消费者独特的消费需求，提出相对应的方案。最后，通过增强学习以及知识图谱等方式，依据随机抽取的消费者反馈的数据，智能技术会根据消费者的心理行为以及行为能力来投放合适的内容以及选择合适的投放方式。

2. 以大数据为基础的体系

广告的智能化策略以数据获取为关键因素，将消费者独特的需求视为核心，以智能化决策和实时广告优化为根本依据。该策略致力于准确分析和匹配消费者的生活场景和行为轨迹，以满足他们的信息需求。在智能时代，广告策划者无须再费尽心思制定投放策略，因为拥有智能技术的机器人能够自主学习以前所有成功的案例，制定出更高效、更合适的方案，并且能够收集到更为可靠的信息。这种智能化的广告传播活动不仅提高了广告投放的精准度，还大幅提升了用户满意度，为品牌营销带来巨大的价值。

在网络广告投放的过程中，首先利用市场网络分析方法，深入研究市场数据，以构建消费者的数字化衡量体系。通过智能技术的应用，我们能够探索消费者的网络活动轨迹，洞察其心理和情绪变化等信息。在不同环境下，智能技术能够清晰地分析消费者的基础行为模式，从而建立广告目标、内容以及消费者数据的精准匹配模型，实现对目标消费者的准确定位。这种专业的数据分析和智能技术的运用，使得网络广告投放更加精准、高效，提升了广告传播的效率和回报。

3. 以智能化为依托的监测逻辑

传统网络广告效果监测方法主要包括三种类型：一是广告主监测，二是广告发布机构监测，三是第三方机构监测。其中，第三方机构监测是广告发布效果监测市场的主体，国内比较主流的第三方广告媒体监测工具是 Ad Master 推出的 Track Master 和秒针系统推出的 Ad Monitor，运用第三方广告媒体监测工具可以帮助广告主与代理公司在互联网广告投放过程中，对网络广告活动进行集中管理、监控和追踪，提供监测数据及相关报告，帮助广告主、代理公司评估和优化网络广告效果，提升媒介投资回报。近年来，随着智能技术的不断渗入，第三方监测行业在自我调整、产品优化升级、智能化技术改造中，更好地满足了广告主的不同诉求，助推第三方广告监测体系更加成熟和完善。此外，广告主及广告发布机构也开始积极采用智能化技术，对网络广告效果评价方法进行智能化重构。

智能化广告效果监测监管系统，能够实现对网络广告效果评价方式更加高效和智能化的监督和管理，提高广告产业健康运营的智能化管理水平。智能化广告效果监测监管系统通过人工智能深度学习和运用大数据等信息化技术，着力实现智慧监管的四个核心目标：第一加强监管流程，对广告监测实现“一个平台管全程”；第二实现精准监管高标准，实现深度学习风险研判；第三协同监管，建立网络广告监测协同机制，形成强大合力；第四监管可视化，建立广告数据资源库，实现数据深度挖掘及大屏可视化。

## 三、人工智能下广告发展的趋势

处在人工智能时代，仅依赖单调的商品特色和品牌形象在市场中已经不能处于有利地位，只有借助人工智能对商品、形象以及客户服务等信息数据进行智能化的收集和整理，为消费者提供全面的品牌服务，才能满足消费者的需要。以前投放的广告往往会使顾客产生烦躁和抗拒的心理，如今，经过智能技术搜集整理数据而创作的广告，能快速找到用户的需求和爱好，再由人工智能进行有针对性地广告推送，这种模式使用户能第一时间看到广告，并愿意接受广告，例如微软公司的个人助手小娜，她对用户平时的消费信息进行详细分析，最终找到适合消费者的广告推送方式。随着技术的进步，广告的创意也会更加完美地体现出来，不再被空间和技术等因素限制，这将对设计师的创意提出更高的要求。

（一）媒介融合

网络广告是在互联网平台的基础上发展形成的，因此也具备很多优点。网络广告受众群体多，传播范围更广，且接触容易、交流互动性强、社交能力强，更具个性化和精准化，而且内容多样。跟传统媒体相比，它的广告创作投资以及发布成本不需要太高，但是效率却很高。然而，互联网有信息过载这方面的缺陷，广告数量很多而且品质良莠不齐，会给用户带来不好的感受，让网络广告的信赖程度降低，这样的话就会在一定程度上影响品牌的宣传效应。传统媒体自身拥有内容以及公信力等方面的优点，可以增强品牌带来的背书作用，这一点正好可以与互联网新媒体互补。将来，网络广告势必会和传统媒体协作进行组合传播，把传统媒体在内容以及公信力等方面的优点和新媒体的科技以及渠道的优点结合起来，突破各个媒体间的层层阻碍，强化不同媒体之间的联系与融合，达到取长补短的作用，并探索出最优的宣传效果。例如，优酷、腾讯公司开发的 App 在终端层面一直致力于和电视媒体相结合，想要利用自身拥有的查询、影像以及在线服务等不同方式的广告功能，与品牌方和权威主流媒体在协作层面找到切入点，把传统媒体的品牌价值带到与新媒体的互相融合之中去。

（二）多媒体整合

通过结合不同层面的媒介、终端和品牌，以及构建多样化的媒体网络和整体扩展计划，我们创造了广泛多样的业务范围。采用多种广告方式，旨在覆盖更多用户，提升品牌影响力，最终找到最有效的宣传效果。

（三）内容为王

互联网科技的迅猛发展推动着广告内容也在持续更新，在科技支撑下的互联网广告也在持续提升消费者数据剖析、内容发布以及准确触及等层面的功能，实现史无前例的精细化运行。在这样的态势下，多元化的广告方式已经无法引起用户的关注，质量过硬的内容才是极其珍贵的资源，广告的内容以及创意的展示对消费者的品牌接纳程度及购买行动的转变产生着尤为突出的影响，也就是广告的内容品质会对品牌宣传效应以及广告转变效能产生直接影响。所以，不管是广告主还是媒体平台，都应该严格保证广告的内容品质以及创意的新颖程度。在广告方式层面，怎样完成科技和内容的高效结合、怎样以最优的渠道把广告创意展示出来，就变成了如今互联网时代广告宣传能否高效的关键所在。在 2020 年，宣传范围最广、热议程度最高、最具代表性的广告有 B 站的《后浪》，广告利用富有创意的独特文案内容以及资讯热点引起观众的强烈回应，从而激起更大范围内的关注浪潮以及宣传热流。将来广告的走向必将会侧重于优质内容和精准投放的共同发展，利用科技触及用户，利用创意引起用户关注，利用情感使用户产生共鸣，最终利用高效的协调宣传达到广告效应最优化的目标。

（四）技术赋能

广告的灵活化、准确化、独特化、转换化，还有广告的软植入，都需要依赖数字化科技以及智能化科技的帮助。当前，网络营销科技还处在探索发展的阶段，伴随着科技的进步和发展，将来的互联网广告必将迈向以科技和数据为基础的新征程，数字化以及智能化必定遍布在广告传播的各个层面。

（五）营销全流程

对于用户来说，想要浏览到的广告是新颖的、实用的；对于广告主来说，对于广告投入的期望是成本低、效果好。这就要求广告不仅要内容质量好，同时还要有各种各样的呈现方式；不但要符合用户特殊化、多元化的要求，还要尽可能达到广告投放的准确度、透明度以及高回报率的要求。基于以上原则，完成用户和商品的准确配对、迎合用户的特殊化要求、完成广告的精细化运行，已成为广告行业极其重视的发展范畴。

此外，由于5G、物联网、AI以及VR/AR技术的应用范围越来越广泛，元宇宙的创建也即将变为现实。元宇宙将会引领广告行业发生翻天覆地的变化，将制作出超越目前的智能广告、数字广告，且更具向心力、更具陶醉感、安全系数更高的品牌广告内容。即使元宇宙的概念在全球范围内仍处于初级阶段，但广告的数据化、娱乐性和社会性已经开始悄悄渗入其中。在未来的互联网广告中，借助智能科技，我们将能够打破线上与线下、现实与虚拟之间的障碍，实现消费场景和用户行为的全面融合，这正是广告发展的未来目标。

## 第三节　人工智能对广告创意的影响以及在广告创意中的应用

### 一、人工智能对广告创意产生的影响

进入数字化时代，广告的传播环境发生巨变。以精准、互动为特征的数字传播方式，极大地提高了营销传播的传播精度和传播深度。广告领域日趋复杂，内容丰富多样，但受众却陷入信息焦虑，难以集中注意力和保持情感忠诚度。广告创意面临着越来越大的挑战。技术、大数据和创意水平已经成为决定广告核心竞争力的关键要素，颠覆了以往以策划创意和媒介资源为主导的传统广告产业。

（一）整体影响

1. 广告创意性质的变化

（1）广告创意的内涵深化

广告创意的内涵，在广义上是指对广告的战略、策略以及运作的每一个环节的创新性构思；在狭义上是指广告所表现出的主题、风格和内容等，能够积极高效地与受众进行沟通的艺术设想。本质上来说，所谓广告创意，就是指创意人运用旧的元素以及旧的知识，通过一定的技术，创建出一种新型元素。

如今，智能技术的不断发展，信息化容量也得到了飞速扩展，人脑的分析能力以及观察能力逐渐被算法的强大运算能力所取代。广告创意公司与创新服务平台从最初的讲究内容的创新，逐渐向更加合理、更加完善的解决方案上转变。故此，创意不再只是对内容制作的创新，而是由内容创新转向广告生产过程和传播过程层面上的转变。通俗来讲，就是单纯从内容的创新转变到过程的创新。

（2）广告创意的形态升级

在智能技术的推动下，广告创意的形态发生了升级。从传统的内容创意转变为沉浸与交融的体验，广告不再受时空限制。举例来说，室外新型媒体利用互动设备和智能数字技术，实现了与观众的深度互动，提升了观赏体验。不仅限于视觉，各种感知系统进入各类移动媒体平台，使得广告创意与传播媒介实现全方位互动，无论是从平面到立体，还是从真实世界到虚拟世界。广告创意形态不断变化，致力于给观众带来身临其境的体验，并创造出感官平衡的传播空间，以打造出真实情境融合的感受，从而为品牌优化提供支持。程序化技术（一种利用计算机算法和人工智能技术，自动化地进行广告购买、投放和优化的方法）使广告创意的投放和优化更加灵活，从固有的内容框架转变为动态项目，消费者在现场或介质触点上提供反馈，为广告创意提供科学引导。

（3）广告创意的功能提升

科学技术的发展，重新建立了广告的产业生态，从独立的个体走向集体化、群体化。在营销传播整合的趋势下，渐渐产生了以广告为核心的“大广告产业”。广告内容的主要核心就是创意，创意也逐渐形成了被整合的趋势。在传统广告中，创意的制作通常经历观察、创意构思、设计制作、投放等步骤，它在广告中起着核心作用。一个特别出色的创意就像是一颗威力巨大的“原子弹”，在科技的辅助下，逐渐融入产品经营和传播环境。创意的意义在于激发消费者的忠诚、行动、认知和兴趣，从而促使广告传播者与受众群体积极互动。可以说，创意就像是广告活动的引爆装置，贯穿了整个营销传播过程。

2. 广告创意生产的变革

（1）生产主体与模式：分野和混合

互联网大数据逐渐取代市场调查，生产创意的数据资源、工具和传播平台都降低了门槛。消费者及其互动行为今天已经掌握着创意的决策权，程序化创意就是一种由用户“选举”出来的反馈式创意。流量算法和大数据引擎逐渐减少了人力劳动的需求，它们能够智能地监测用户与广告创意的互动表现，并根据这些数据实时调整创意元素组合和流量分配。从过去企业独自负责广告创意，到现在通过程序化和智能技术，普通人也可以参与创意制作。这意味着创意不再是专属于专业人士的领域。KOL、KOC 和消费者群体中开始涌现大量草根创意，和专业创意在文化、模式上互相影响。

创意生产已不再遵循传统的流水线模式。随着大数据分析和智能算法技术的引入，人类的创造力与机器学习齐头并进。原本需要集中在一个中心思维的“大创意”，现在被转化为分散式的创意群体，取代了传统的精工细作作坊模式，转而采用高效、规模化的生产基地模式。程序化广告技术（利用自动化系统和算法来购买和展示广告的方法）业已成熟，广告主、技术服务商、投放平台纷纷拓展创意业务，技术力量缺乏的传统型创意公司逐渐丧失竞争优势。创意生产开始走向程序化和智能化，数据的主导力量正在挑战人的主导性。但技术门槛的打通，让各种模式的创意生产都更加注重效率、效果和品质、创新之间的平衡。

（2）创意思维与方法：经验到数据

从经验思考模式向大数据思考模式的转换，对传统广告创意的思维方式造成了巨大的冲击。在传统的广告创意观念中，不管是“广告是科学”，还是“与时俱进的戏剧性”的艺术理念，都离不开传统广告创意人的工作实践。传统广告创意模式的核心是依赖设计工作者扎实的专业知识和丰富的项目经验。但在今天技术高速发展的年代里，大数据分析能够给设计模式带来了更为精准的洞察力，使设计模式步上正轨，变得越来越理性。现今，创意方式是由人的大脑和计算机的算法所决定的，将工作经验的积累以及计算机的数据分析相互结合。数据的支持以及验证，是创意数据库与以往靠人把握的创意经验二者最显著的区别。一方面，消费群体的情感、消费方式、消费需求都被数据简化成了标签，数据的优化带来更加准确的创意；另一方面，有一部分的创意内容也会被打上标签，分解到元素的级别上，从而实现自动化、大批量的生产。

（3）创意的标准与检验：效率和效果

在新的时代环境下，逐渐形成了一套新型的创意监管标准。第一步，将创意的生产时间以及监管的时间缩短，讲究实时性。其内容的凝聚力稍纵即逝，创意的评价周期从原本的一轮计划逐渐锐减至如今的一次投放。创意人员要及时做出相应反应、积极跟进发展的进程。第二步，创意传播的接受群体从之前的广泛化逐渐变成个体化，其准确度得到了大幅度的上升。在如今的大数据时代里，营销所传播的对象也从大众化的市场转化成商户个体，创意市场同质化的竞争加剧。第三步，创意的“艺术”开始逐渐科学化。在当今社会，成为创意的表现离不开“求实”以及合理两方面。规范化的广告实现了创意结果的可控性以及实时优化，蕴含着对感性策略价值的认证以及对理性目标的监管。

（二）积极影响

人工智能的功能并不在于辅助创意人获得最优的营销观念，而是在本质上就怀疑关于“最好的创意”这个概念，使用极具科学性、有用性的创意取代以前的在营销计划中站在主观层面来评判的“最好的创意”。未来的创意人可能不再需要从零开始，而是使用创意的部分成果，这些成果可以帮助人工智能根据不同消费者的喜好进行评估。这种极具创新性的做法具有多种优势：以广告平台视角分析，提升了流量；以广告主视角分析，优化了工作程序，提升了客户转化效率。在 2019 年的博鳌亚洲论坛上，一家公司公开展示了他们最新开发的 3S 营销推广系统。这个系统具备智能宣传的功能，可帮助国内的中小型企业实现更有效的互联网广告宣传，大幅提高广告效果与投入的产出比。该系统一经问世，会在很大程度上更新广告营销的现存状态，使得人工智能广告由定义层面向深度利用的方向转变。

在传统广告中，需要给对应的媒体宣传平台投入大量的资金，消费者作为广告内容的接受者只能被动接纳媒体的再次售卖。可是在互联网和自媒体快速进步的阶段，用户观念持续更新，传统的广告方式已经不再符合用户的要求，比如微信红包的发放形式，参加者并没有特别关注红包金额的大小，更关注的是利用“抢红包”方式，通过游戏互动的形式增加和朋友的联络，并且在游戏过程中收获喜悦。所以，广告公司在思索传播方式时，需要综合考量消费者的逻辑方法，组合消费者时间的点滴，不断更新广告传播方式，在人工智能的帮助下达到最优传播效果的目的。

现在借助人工智能能够易如反掌地完成在以前看来十分艰难的创意任务。由传统的泛广告到群体广告，人工智能能够利用文字剖析科技把握网络发展方向，了解用户需要，收集用户的数据，比如年龄、性别、喜好、健康情况、外貌特点等，通过数据剖析平台，最终再依据用户不同的维度特点，给用户带来有用的产品或服务。所以，人机合作提供的宣传内容的独特化以及宣传媒介的智能化使得广告行业的未来前景更加光明。

1. 广告主：节省广告费用并实时追踪去向

广告名家沃纳梅克说过这样一句话：“我清楚地知道我的广告费被糟蹋了一半了，可是我无能为力的是，我并不清楚到底糟蹋了哪一半。”这其实就表现出了广告主在进行广告宣传时一直顾虑的问题：首先，广告投入的资金很难得到充分且高效的运用；其次，广告投放之后产生的影响程度很难被把握。在以前的广告投放过程中，广告主一般会找广告代理公司作为投放媒介，给予一定的酬劳，以便于获得专业的广告规划以及实施计划，二者达成共识之后所设想的广告成效属于影响广告价格的关键要素。可是关于广告的成本预估以及测评效果并不是能轻易做到的，即使是网络广告，广告成本预估的依据是CPC、CPM 等指标所带来的量化数据，但是这些方法忽略了用户在触及网络广告时的关注度以及对于广告和产品自身的信任程度，所以依然会出现测评不标准，没有办法确保广告主所能获得的收益。但是人工智能和大数据的相互融合使得上述局面得以改变。第一，广告主能够利用新媒体平台直接实施广告投放，越过了广告代理公司这一媒介，这就是所谓的并无中间商赚差价。第二，人工智能化水平强的新媒体平台，本身就具备了较高的流量以及固定的用户群，能够加强广告投放的覆盖面以及特定性。第三，人工智能依据新媒体平台在电脑端以及客户端等端口得到的即时反馈数据，运用层级累计、主要成分剖析等机器学习手段，再加上行业阅历以及有关资料剖析，开发科学的综合指标系统，用来检测广告投放成效，使广告主能够清楚每一笔广告投资的流向；并且人工智能还使用增强学习以及知识图谱的方式，可按照用户反馈的数据特点，只挑选特殊性的自动应对战略，例如使用能够吸引用户的文字或者图片进行推送，从而提高广告的传播效率，使得广告主不但能够详细了解每次投入的流向，还能物尽其用。

2. 广告公司：驱动传统广告公司重构业务部门

人工智能对广告公司的作用表现为推动传统广告公司重组自己的业务部门，大致表现就是增加人工智能部门以及前置技术员工。传统的广告公司的业务部门大体分为客户部、策划部、设计部以及媒介战略部等不同的部门，每个部门的工作是紧密相连的：客户部负责与客户对接并且传达客户的要求；策划部的工作是依据客户的需要形成创意策划文件；设计部的工作是把创意制作成图表、影像等模式；媒介战略部的工作就是设置媒介投放战略。到目前为止，人工智能科技部门即使没有变成重要的职能部门，但在该领域内很多龙头公司已经完成了人工智能有关的职位以及组织的设置工作，并且演变成了广告公司工作程序中较为关键的职能部门。另外，人工智能还推动广告公司把技术型员工前置到工作程序中的初始阶段，再把之前在后端工作的技术型人员前置到能够和客户进行交流的岗位，这种做法能够增强广告主、客户以及技术型工作者之间的互信，简化交流程序，提高工作效率。

3. 广告形态：推动计算广告演进为智能广告

人工智能萌发了不同的广告形态，比如在前面提及的流程化广告以及信息流广告，在产生初期就涵盖了人工智能的因素，但是这些不同形态的广告实质上就是计算机广告，是互联网广告更新换代的最终产物。2008 年，Andrei Broder 首次提出了计算广告的定义，在他看来，计算广告的中心矛盾就是探寻特殊用户在特殊氛围以及合适的广告三者之间的一种“最优配对”。计算广告创建了一个巨大的广告生态体系，包括广告主、媒体、平台、技术公司、数据供应商、用户等，计算广告的运作结构包括消费者洞察、广告文本形成、媒体挑选、效果检验等程序，最终的目标是达到广告成本、用户感受以及商业价值三方面的兼顾和均衡。最初的计算广告零零散散运用了一些人工智能科技，可是因为智能化水平较低，所以无法达到广告、媒体、用户三方面的最佳配对，比如广告数量太多、广告品质低劣等会给用户带来不好的影响。伴随人工智能的进步，人工智能的感受智能以及认识智能得以充分提高，促进了计算广告升级为智能广告。相比较而言，即使智能广告还是依靠数据和算法，但是它会通过智能化的交流手段与用户展开沟通，因而更加人性化。

（三）挑战

随着人工智能在广告行业的作用不断显现，也带来了一些新的挑战，主要涉及广告伦理和行业冲击两个方面。在广告伦理方面，如用户隐私安全的降低和流量数据的不真实，在行业内已经成为日益明显的乱象。这可能导致个人隐私受到侵犯以及广告主和消费者之间的不信任。在行业冲击方面，人工智能的发展引发了一系列的变革，其中之一就是去中介化趋势的加强。人工智能有时可以绕过中介，直接连接广告主和受众，从而降低了中间环节的需求。这导致了一些专业性不强的广告代理公司面临破产和倒闭的风险，因为这些公司可能无法提供足够的附加价值来保持竞争力。

1. 人工智能加剧广告伦理失范

（1）用户隐私泄露

以前，用户数据大部分是源自个人、公司、组织等举行的市场调研活动，这属于一种在人、财、物等方面耗费都比较大的数据搜集方法，用户数据流出的主要原因是一些非法出售或恶意偷盗的行为。在大数据时代，用户的种种行为都以信息流或者数据流的方式被记载，并且还可以一直保存在云端，此类数据搜集方法虽然节约时间，效率也高，但是有些数据用户并不想被记录下来，因此人工智能使用数据库实施机器学习和算法剖析，严格来说也属于侵犯用户隐私。计算广告以及智能广告看起来是给用户提供了方便，可是这种方便是付出了个人数据或者隐私才换来的。就拿淘宝广告来说，用户在淘宝客户端搜索过一次某种类型的商品之后，该平台就会一直推送同类型的商品。这种广告投放形式不但没有重视用户的消费心理，还会使用户认为自己的隐私受到侵犯，进而产生厌恶情绪。

（2）流量数据造假

广告中人工智能的普及进一步表现了数据的重要性，当“以转化率以及留存率等来考量各个用户带来的平均收益”变成了广告媒介全力以赴所追寻的目标时，很多企业、公司就开始不顾底线地进行引流、导流，所采用的方法也是各种各样，有的直接拿技术去换取商业利益，包括一些大型互联网公司也是如此。数据造假产生的负面效应主要分为两大部分：首先，哄骗广告主，致使广告投资变成了无效投资。比如，广告主投放过程化广告，要以数据管理平台设置的目标客户、价格等为基础，如果平台产生虚假数据，那么广告投放所带来的回报率就会和预想的谬以千里，致使广告主的投资无效，财产受到损失，还会使广告主对属于过程化广告的计算广告失去信心，从而阻碍计算广告未来的发展。其次，影响广告用户，使其产生厌恶情绪。广告在用户心里的形象一直就不是特别积极，只有精准投放了使用户喜欢的广告，才会提高用户对广告的信任度。但是人工智能对虚假流量数据实施机器学习或算法剖析后，所获得的广告投放战略必定和目标用户不相匹配，致使准确投放适得其反，并未达到预期的效果，不恰当的广告又一次变成了致使用户产生抵触情绪的关键要素。

2. 人工智能致使部分广告公司面临淘汰危机

首先，人工智能的广泛普及使得传统广告从业人员的处境日趋艰难。正像本书第二章第二节“人工智能对广告营销的影响”所提及的，人工智能在广告的运作过程中，都表明了人脑以及人力都是能够被机器所取代的，这从某些方面否认了广告从业人员赖以生存的创意、设计等技能。其次，人工智能致使一些专业性不强的广告代理公司面临倒闭。比如过程化广告在建立初期，广告市场良莠不齐，作为甲方的广告主大多无法找到市场中各种广告所存在的差别，因此就无法做出抉择，就需要广告代理公司的帮助来进行过程化采购，这是以经验为基础来完成的过程化购买方式。但是运用了人工智能的过程化广告给广告主带来了不同的、更具科学性的选择规范，它是以人工智能为基础来完成的过程化购买方式，这样广告代理公司的“媒介”功能就被弱化，甚至有可能成为一种“累赘”，因此就产生了生存危机。

（四）创意与科技的博弈与反思

1. 博弈

创意和科技的关键性次序问题属于广告行业的热门话题，特别是在人工智能风靡的时期，科技好像略胜一筹。因此有专家认为，以前的广告行业的重心放在了品牌广告的创意、计划以及媒介采购层面，业务程序的人工化色彩特别显著，科技的功能即使很关键，但还是居于附属的位置，直到人工智能时期，科技所占据的位置才远远超过了创意。可是也有专家以为，不管技术怎样扩展，创意仍然最重要，由于技术的拷贝并不需要花费太多的成本并且比较方便，对比而言，优质的创意的确不能拷贝，因此创意也就成了广告行为获胜的重点。创意和科技的竞争在某些方面能够转换成人脑与机器的联系问题，人脑就是指创意，机器就是指科技，这其中还包括人工智能问世以来一直极具争议的问题——人脑能否会被机器所取代。在人工智能的激流之下，由于广告业务过程中的一些工作内容的确被机器所替换，因此广告从业人员与广告企业的价值在人工智能的作用下也需要被重新考量。即使人工智能的加入，使广告制作、消费者洞察以及广告投放的效率得到提高且准确性强，但是由于当前的技术方法仅仅局限在弱人工智能上，因此存在下面几个问题：第一，人工智能制作的广告大部分是数据库里的图文材料的简易拼凑，内容肤浅，不容易打动受众；第二，人工智能在消费者洞察与广告投放的运用过程中都依靠算法，而且算法存在不透明性及不能预测性，或许还有失控的可能。所以，广告从业人员所具有的创作能力及文案撰写能力依旧在广告运行中起着核心作用。在未来时间里，虽然人工智能在广告领域的运用会相当成熟，但是还是需要广告人员严格把关，以完成人机协同的运行方式，在创意和科技之间需要寻找均衡的契合点，促进广告领域的健康发展。

2. 反思

（1）作为创意决策者的人

在整个创意生产的过程中，人与智能机器人相互协调，智能技术对人们的决策起到辅佐作用，但也限制了人的主体能动性发挥。在传统的广告观念中，广告创意的主要来源是人的工作经验以及思想觉悟。人的能力将直接决定广告创意的最高水平，创意人在整个广告产业的价值链中，占据着重要的地位。然而，智能技术的不断发展，将直接淘汰传统广告的制作和传播，同时还对人的决策力造成影响。

程序化广告的诞生减少了人在广告创意时的制作生产，减低了人在广告投放中的主导作用，这也与传统的广告形成了本质上的区别。人工智能逐渐代替人进行一些技术性较小、较为枯燥的工作，人们也逐渐以决议为主体向以参与为主体转化。反观另一方面，技术逐渐开始占据整个创意生产过程的有利位置。所谓创意，是不能被拘束的，是需要自由、平等的，包括内在的表达自由和外在的环境自由。创意要跟随时代的脚步，多用一些新颖的元素，不能过于老旧。对于大数据的累积，不能仅仅依靠工作经验，大数据虽然挖掘出了一些消息，但是依然离不开人脑的参与。技术是要讲究法则的，而创意就要突破这种法则。

（2）作为传播受众的人

当今社会，智能技术逐渐渗透到各个领域，包括广告行业。智能广告虽然能够深入分析消费者的行为，却难以完全洞悉个体的“主体性”。消费者虽然很少自发参与营销传播活动，但是消费者的需求和购买方式却被纳入营销决策的考量范围。在这个过程中，我们的个体特征很快就被拆解成各种标签，被重新定义。在互联网上，我们被全程监控，数据被收集、分析、记录，然后被划分成不同的群体。基于这些数据，企业制定不同的产品营销策略。广告创意的选择并非由消费者决定，而是根据受众群体的特征来匹配。

作为企业，应当积极参与社会改革，共同促进市场的改进，对数据进行计算和分析、加强监控。我们需要随机抽取数据样本进行分析，以此为基础为未来提供保障。在这个过程中，广告的精准度对企业利益的影响远远超过了消费者个体的影响。然而，消费者仍然被视作“二次售卖”的对象，在这个过程中，消费者的隐私被侵犯，个人信息泄露成为常态。受众的品味和需求被隔离，而受众的信息和注意力都被深度挖掘，使得广告信息更加精准和密集。这无疑加剧了消费者的弱势地位。

（3）创意的核心始终是人

在生产设计领域，人工智能的应用仍受到限制。高效生产模式的核心在于设计数据库，在特定的应用范围和质量控制上超越传统的“头脑风暴”模型。计算思维的第一原则是剔除人的主观判断和情感交流。然而，在广告创意领域，情感共鸣对于深刻了解消费者需求非常重要。如果供应层过于强调技术驱动，可能与传播层的主观性脱节，使创意构思与人们的观察之间存在断裂。当前，超级大型综合平台（例如巨量引擎和腾讯广告）已经打破了传统广告与企业之间的隔阂，企业通常也会建立自身的防线以抵御竞争，加之数据信任机制尚未得到充分完善，导致不同数据管理平台的用户标签逐渐孤立化。在程序化广告中，人际关系被标签替代，创意人与消费者的情感交流被内化为机器的程序化生产。创意变革也遵循着人与技术关系变迁的轨迹，创意需服从技术的指导。

相较于智能机器人，人类在敏捷性、创新能力和创造力等方面具有巨大优势。智能机器人无法触及人类的思想、情感、行为活动和记忆灵感等。智能机器人无论如何都无法替代人类。若缺少智能技术，所有的大数据仅仅是一串无意义的数字；标签也不能仅靠算法生成，需要反复与工作经验配合；算法虽可以验证相关关系，但无法自行提出对要素关系的探讨。

## 二、人工智能在广告创意中的应用

广告是动态的，因此技术革新会使其不断改进。随着 5G 网络、物联网以及 AR 等技术的飞速发展，人工智能广告也随之开启了前奏。在政策和投资的推动下，人工智能的运用恰逢其时，并在广告制作、文案编写、广告投放以及战略制定等众多范畴内应用。

### （一）人工智能在广告创意生成中的应用

#### 1. 人工智能设计系统“鲁班”

2017 年，阿里巴巴推出的人工智能设计系统“鲁班”，它可以自主学习广告策划过程，就像人们学习一样。开发者为它制定了一个闭环系统：“风格学习—行动器—评估网络。”首先机器从大量的图片中学习设计风格，然后根据需求设计图片。然后通过评测器，机器可根据评分数据了解设计的效果。这个平台不仅可以用于创意生成、动画交互等，还有各种专业模板，广告主只需修改文字和 Logo 即可获得创意设计。

#### 2.“借鉴—解构—重组”模式的文案撰写

自然语言处理与自然语言生成的发展早已使人工智能成为

文案团体的一部分。人工智能创意文案能够反馈品牌的声音，并且能为指定的大众量身定做。人工智能文案创意的流程首先由人类编写好广告，通过一段时间的投放测评后，机器通过数据库找出投放成效优良的“关键词”，以此为基础进行广告语的排序重组，组合出点击量较高的崭新广告语。2015 年，虚拟咖啡店的人工智能户外宣传牌通过外设装备感知大众的专注力，实时采集互动内容。投放期间机器依照受众的反应，使用优胜劣汰的选取手段，自主策划出 1 540 支户外广告，文案产生的速率以及替换的频率都远超人类。

（二）国际上人工智能广告创意的应用和发展

1. 人工智能广告创意在国内的应用

2018 年，广州筷子信息科技有限公司（简称筷子科技）建立了国内首个人工智能创意及投放系统，能够瞬间生成40 000张不同元素、不同规格的策划书稿，并在互联网广告中实时投放，同时通过智能解析和点击进行创意的完善与推送。在 DSP 正常运行的情况下，该系统能够实现常规模式 4 倍的点击量以及门户网站界面的广告效果，而价格仅相当于传统门户网站界面广告的十分之一。筷子科技会对不同用户提供多种处理方案，包括 Content Lab 互联网广告前测系统和落地页内容智能匹配系统等。

随着传感器技术、人脸识别技术和物联网技术的快速发展，未来可能通过捕捉潜在客户的情感和行为等信号源，逐渐丰富当前的硬性目标性信号，实现融合情感的信号分析。未来的发展趋势或许是所有信息的接触点都能成为营销的途径。因此，人工智能创意技术在某种程度上被认为是领域需求的自然延伸，同时也为标准化创意平台提供了更为广阔的市场远景。

2. 人工智能广告创意在国外的应用

德国电商平台 Zalando 在创意广告内容方面为其合作伙伴提供了先进的解决方案，能够生成时尚模特穿着定制服装的高识别率图像，将服装的颜色或形态变化合成到不同的模特身上。英国企业 Phrasee 则利用人工智能为 Facebook 推送电子邮件生成销售方案，以提高点击率和转化率。这些由AI生成的内容始终保持与品牌的一致性，与受众形成良好的共鸣。2020年，美国的Phrasee公司加强了全球管理团队，加快了使用AI创建广告文案的步伐。Persado公司的技术可以将销售创意分解为六个关键元素，并通过不同元素的组合进行多次实验，找到与所有用户对话的最佳呈现信息。采用了Persado技术之后，国际网络预约服务公司的先锋品牌旅舍世界（Hostelworld）的点击率均值提高了86%，打开率均值提高了12%。戴尔公司也表示使用这项技术之后取得了令人印象深刻的效果。

日本广告公司麦肯曾经在2016年4月任命了“全球首个人工智能创意总监”AI-CD β。AI-CD β的数据系统解析了众多创意作品，最后获得了新作品的创作观念。因为有着数据库系统的支持，所以AI-CD β的确拥有了在命中率与效果等方面的优越性，可是数据库系统的限制性也恰恰决定了AI-CD β的创意局限性。AI创意总监的涌现，象征着技术与创意的界限将被冲破，预示着人工智能的进步到达了一个新的层面。

## 三、人工智能在广告创意方面的发展趋势

### （一）广告创意的新特点

#### 1. 操作便捷，创意快速实现

借助算法和技术，程序化创意能快速实现广告创意，简化设计师和营销团队的工作。首先，程序化创意能自动、快速地对设计素材进行大规模个性化组合，简易、快捷、高效地制作大量广告，使其既满足个体消费者的多样化需求，也适用于不同的投放平台，大量减少了传统设计中烦琐的迭代工作。其次，根据历史投放记录，程序化创意能动态挑选广告模板，推荐最符合广告设计要求的各种素材，再由设计师决定是否直接采用该广告设计，或对所推荐的广告进行修改，以实现优化广告投放效果的目的。最后，程序化创意还有利于营销团队的工作。由于所有设计素材都已上传至程序化创意系统平台，市场营销人员能够随机、快速地生成各种创意组合，并进行对比测试，

最终优化营销效果。

2. 效果可视，创意实时评估

在创意领域，大数据技术为设计师实时分析创意效果提供了数据支持，实现了创意效果的可视化和实时优化，传统广告的难以测量的问题迎刃而解。目前，程序化创意的评估方法包括分离测试和多变量测试。在分离测试中，广告主将一组仅含一个变量的设计方案随机推送给不同受众，以测试不同创意的投放效果。接下来，广告主还可以将在上一轮测试中获得较好效果的广告设计作为控制组，对其他设计元素进行迭代测试，不断完善广告设计细节，优化广告投放效果。基于大数据的程序化创意平台能在分秒间完成测试，降低了所需成本，提高了评估效率。总之，程序化创意是可测量的创意，是有反馈的创意，是能优化的创意。借助实时可视的“仪表盘”，广告创意团队能清晰地了解市场的真正需求和变化，并应用于之后的设计工作，这对于传统广告是根本无法想象的。

3. 创意价格平民化

程序化购买广告的交易模式是按效果付费的，“低投入、高产出”，广告投放费用趋向平民化，不像传统广告那样收费很高，程序化购买广告赋予了中小品牌广告主更多投放创意广告的可能性。一方面，由于版面所限，传统广告投放费用越来越高，而互联网却能为广告主提供无限的媒体资源，加之程序化购买广告流程实现了广告主、媒体和个体消费者之间的无缝对接，中小型品牌企业因而可以获得更多的广告投放机会。另一方面，相比大型企业铺天盖地的品牌宣传，中小型品牌企业更看重广告宣传带来的直接经济效益。在程序化创意平台，结合精确定位和自我优化，中小型品牌企业能相对廉价地借助广告获得关注，甚至实现产品销售。

（二）广告创意的发展趋势

1. 广告创意的地位和作用发生了变化

现今，数字化、精准定向以及算法驱动已成为广告行业变革和发展的关键推动力。广告创意呈现出更加程序化的趋势和特征，不再是独立存在的元素，也不再是驱动广告行业发展的唯一动力。广告创意已经与产业链上的其他环节高度融合，成为一个更广泛、更复杂的生产节点。创意的作用已经不再是孤立的，而是与技术、数据和策略等其他因素相互交织，共同推动广告行业的演进。

在广告传播领域，以创意为主导的时代已经落幕，取而代之的是创意与实时优化紧密结合的程序化广告时代。在这个新时代中，程序化广告将人的智慧与工具的便捷结合起来，实现广告最优化的目标。这种融合的过程需要更加专业和合理的方法，以确保广告在程序化过程中取得最佳效果。

2. 广告创意的生产方式发生了变化

创意的“大工匠”时代已经被取代，现在是以“大规模生产”为基础，同时针对消费者的个性需求进行“定制”的创意时代。在这个新时代，创意者可以系统性地做出创意选择，不再受限于几种设计方案。这种创意是连续产出的，并且可以经过验证。创意者可以根据数据分析、消费者情境变化以及广告主的特定需求设定不同的目标来进行创意的决策和测量。这种自由还体现在把创意者从烦琐的“改稿”工作中解放出来，简化了广告设计、制作及购买的过程，为设计师提供了更多的时间和精力，从而使他们专注于创意工作，进而大幅度提高设计师的整体工作效率。通过对数据的利用，各种衡量指标能够清晰地告诉设计师广告的创意效果，让设计师更好地了解网络用户对广告创意的真实需求，避免在创意探索方面走弯路。

（三）人工智能广告创意趋势的思考

1. 人工智能为广告形式创新带来更多可能性

目前不少的移动第三方利用专门的移动广告创意设计团队，运用人工智能设计更多创意广告。例如广州汇量科技成立了专门的针对数字广告投放的创意实验室，针对各种广告形式设计开发全新的广告创意，包括定制动画系统、互动式结尾赞助图等，结合前沿的算法框架进行交互素材的自动化生成与制作。结合 AI 技术的广告创新化体系，能给用户带来极致的互动体验，实现广告主、投放平台的双方共赢。

2. 人工智能是广告定制化、个性化发展的温床

基于大数据产生的用户画像，人工智能可以帮助广告主识别出消费者或者潜在消费者，快速进行分析、决策，设计出用户所需的更具个性化的广告。借助人工智能，企业不再需要依靠毫无生气的表面数据来“猜测”消费市场的反应，可以根据消费者的喜好和需求定制独特的广告体验。在内容驱动的市场中，设计创意的投放要触达用户的心底，其中包含多维度和多层次的优化工作，具体工作包括个性化广告模板的生成、个性化素材的动态填充、优选组合呈现等，只有将广告与受众的兴趣相结合，才能取得事半功倍的效果。

（四）人工智能广告创意的问题反思

1. 广告创意智能制作中存在算法偏见问题

由于广告投放的需求迅速增长，单纯依赖头脑风暴法创作广告已无法满足品牌的需求。现有的算法仍然是由人类设计的，样本信息由人类提供，程序代码也是人工编写的。因此，在样本数据的深度学习和生成算法的程序构建中，很大程度上受到人类特殊偏见的影响，例如企业组织的特殊利益和权力关系，导致呈现出人为预设的特定功能。况且，当前的广告创意技术仍处于智能化制作的初级阶段，尚未实现完全自动化和智能化。

2. 人工智能广告产业创新型人力资源短缺

广告产业的基础性资源在于人力资源。长期以来，传统广告产业将文字和创意视为核心，广告从业人员主要具备文科背景。随着人工智能在广告产业中的全面运用，人力资源的需求也发生了变化。在广告产业智能化转型过程中，出现了基本职能的转变和技术人才短缺的问题：传统广告职位数量减少，职能发生改变，基础的文案制作、图片策划等简单、循环的工作已被人工智能所取代。在创意领域，对于综合性、创新性的人才需求持续增加，新兴技术职位的需求也在迅速增长，特别是那些具备广告知识和技术知识的全面型人才相对匮乏。

3. 人和智能机器人的关系是广告行业无法回避的问题

技术在创意领域的深度介入可能使传统广告创意的性质被分解，导致话语权的丧失。因此，理性处理媒体技术，正确处理广告创意和媒体技术之间的关系，实现良好的共生互动，将成为未来广告创意人的关键思维和行为方式。广告从业者需要关注那些当前机器无法优化的领域，避免被淘汰。在“弱人工智能”时期，机器并不具备自主意识。即使机器可以快速生成和更换广告语，但是一个完美的广告语不只是注重句式的整洁、文字的华丽和词汇的丰富，而是更应该触达人们内心的世界，需要的是一种对词语的精心雕琢，而不只是简单的文字堆砌。因此，广告文案工作人员需要具备心理学、传播学和社会学等领域的知识。就目前的情况来看，距离实现“强人工智能”还有很远的路要走。

## 四、人工智能驱动下的品牌广告创新

### （一）可口可乐广告创新

AIGC 技术的崭露头角引起了品牌方的高度关注，这背后反映了 AIGC 在改变品牌销售格局方面的巨大潜力。AIGC 技术在降低生产成本、优化流程管理等方面为品牌销售带来了创新和机遇。具体而言，AIGC 技术显著降低了内容生产的成本，特别是在提高专业人员效率方面取得了显著成果。在过去，品牌销售广告的内容创作需要大量的创意人才参与，人力成本相当高。而借助 AIGC 技术，能够准确生成各种形式的内容，包括文本、图像和音视频等，从而为控制成本提供了技术支持。AIGC 技术可以在销售计划制定、内容分发以及广告投放等多个领域发挥作用，它提供的内容不仅降低了生产成本，还实现了销售体验的个性化，增强了互动性。品牌可以利用多种 AIGC 工具，为领域销售创造强大的互动和个性化体验。

可口可乐公司积极拥抱新科技，通过人工智能技术，他们成功还原了世界上许多著名艺术品，并让这些画作动起来，为广告注入了新的创意。此外，他们还推出了一部名为《杰作》

的广告片，运用了实际拍摄和人工智能生成图像相结合的技术，呈现了一个独特的魔法世界。广告中，一瓶可口可乐随着画作的变化，变成了各种风格的艺术品，最终激发了一个学生的创作灵感。

可口可乐的广告带来了“蝴蝶效应”，广告一开始通过实景拍摄，展现了主人公在博物馆的场景。通过一瓶可口可乐作为媒介，让不同名画之间形成了互动。通过 3D 效果和人工智能处理，名画中的人物变得生动起来，画面过渡处理非常流畅和炫酷。经典的可口可乐包装也随着不同名画的风格而变化，创造出各种不同的形态，形成了互动效果。整个广告将现实和虚拟巧妙地连接在一起，以可口可乐瓶为纽带，让整个博物馆的艺术品都变得生动起来，连接了不同的时代、区域和文化，呈现出一场博物馆的奇妙之旅。广告包含了爱德华·蒙克的《呐喊》、歌川广重的《鼓楼和夕阳山，目黑》、约瑟夫·玛罗德·威廉·特纳的《沉船》、凡·高的《阿尔勒的卧室》等优秀作品。在广告制作过程中，进行了精心剪辑和过渡处理，结合了人工智能的 Stable Diffusion 技术和 3D 效果处理技术，使得这些生动的艺术作品能够与现实社会成功互动。

（二）飞书平台的广告片《探》创新分析

当前人工智能的创作范围早已不再局限于文学领域，已经延伸至生活的方方面面。现代生成式人工智能已经具备多种形式的模拟能力，包括文字创作、图像生成、编码设计以及问答交互等，甚至能够实现文字向图像的跨界模式。无论是最近热门的抖音 App 上的“意间 AI 绘画”，还是备受讨论的“ChatGPT”，生成式人工智能已经在人们的生活和工作中产生了深远的影响。

2023 年，飞书推出了引人瞩目的广告片《探》，给观众留下了深刻的印象。这部 45 秒的广告片凭借人工智能技术，仅在 11 小时内由飞书与广告企业 W 合作完成，成为国内第一部全场景 AI 广告片。

广告片的核心主题是“业务未来式”，突出展示了飞书在各领域提高效率的商业解决方案。飞书不仅仅是一个办公程序，它通过提供多种企业数字化服务，正在发展成为一个基于协同办公的企业应用平台。

这部 AI 广告片主要由多种图片组合而成，配合文案生成适当的图片、声音、音乐和特效。尽管使用了先进的技术，这部广告片还是呈现了相对基础和公式化的内容，这也反映了当前 AI 广告发展的现状。

## 第四节 人工智能下的广告监测与优化

### 一、人工智能在广告监测与优化中的应用

近年来，随着人工智能技术的快速发展，特别是在广告监测与优化领域，网络爬虫、分布式搜索引擎、用户画像算法、机器学习和图像识别处理等技术的广泛应用为提升互联网广告效果的监测与优化提供了极为有效的途径。

（一）网络爬虫技术的应用

在互联网广告中，数据的分布具有多种特征，例如广告位置广泛分布且变化迅速，广告形式也非常多样。这时，网络爬虫技术派上了用场，它可以帮助我们获取互联网上的广告数据。通常网站上的广告数量庞大，因为网站由多个层次的目录和众多网页组成，每个网页上都可能有多种广告，商家们的需求各不相同，所以他们需要的广告位置也各异。对于表现不佳的广告位置，商家们需要快速清理掉。此外，网站不仅可以发布自家的广告，还可以提供接口为其他公司发布广告。

网络爬虫一旦按照设定的规则进行操作，就可以从一个或多个网页上获取数据。它还能够持续在当前网页上查找新的网页地址，并将这些地址加入待获取数据的队列。为了实现精准广告投放，我们需要综合使用网络爬虫技术和客户端保存的数据，这样我们才能获得完整的数据。精准投放广告意味着不同的人群可能会看到不同的广告内容，这是因为精准投放广告是

根据多个角度进行综合评估，然后基于这些数据为用户推荐产品和内容，如果只依靠网络爬虫技术获取数据，就会存在一定的局限性。

（二）分布式搜索引擎的应用

广告投放常根据用户的位置信息进行精准定位，这种根据用户的位置信息进行定位的广告具有地域差异性，分布式搜索引擎可以用于采集这类广告的数据。通过合理使用分布式搜索引擎，在不同地理位置部署机房和设备，可以获取不同地区的用户、PC 端和移动端的互联网广告数据。获取的信息为下一步深入分析广告内容提供了必要的数据支持。

（三）用户画像算法的应用

用户画像算法是处理互联网广告数据和解决千人千面识别问题的有效方法。千人千面是移动互联网广告的重要特征之一，通过运用用户画像算法，可以捕捉特殊人群的鲜明特点，再使用机器学习技术模拟特殊人群的网络行为，就能实现广告投放的个性化。这种个性化广告投放需要结合网络爬虫技术，以获取特定人群的广告数据，通过不断拓宽和改进机器模拟的方法，可以在一定程度上缓解移动端广告获取和辨识的难题。

（四）文字类广告的分析处理

对文字类广告的分析和处理可以提取特定广告类型的特征，以识别违法广告。有三种方法可以用于文字类广告的分析和处理：建立引导词库以定位特定类型的广告、提取违法广告数据的文字特征以及识别变体文字。

首先，可以通过建立引导词库的方法来定位特定类型的广告。引导词库包含用户购买时常用的搜索词，例如金融类广告通常与公积金、投资理财等相关。结合监管画像算法，可以模拟用户行为，触发相应广告内容。同时，利用人工智能等先进技术不断更新引导词库，扩大相关引导词的范围，为识别和处理违法广告提供数据支持。

其次，通过提取违法广告数据的文字特征，可以创建违法广告辨别模型。在金融领域，可以分析相关法律法规，如《中华人民共和国广告法》和《互联网广告管理暂行办法》中的条款，将其结构化并拆分成计算机可识别的语言。针对金融领域的违法广告，可以建立特征词库，包括关于理财产品的阐述、绝对化用语、虚构背景描述和使用知名人物名字等。通过分析这些特征词，可以创建辨别模型，实现对违法广告的准确快速辨别。

此外，在现实生活中，一些商家为了逃避广告监管可能使用变体文字。因此，在创建违法特征词库时，需要解决变体文字的问题。这需要先对特定词语进行剖析、拆解并提取特征，然后利用机器学习算法对变体文字进行辨别。这样，可以确保广告辨别模型对变体文字也具有辨别能力，从而实现对违法广告的精准辨别。

（五）图像识别处理技术的应用

违法广告的分析和处理不仅限于文字广告，图片广告也是重要内容之一。这涉及图像内容的识别和非标文字的提取等。要识别图片内容，可以利用人工智能方法对图片进行辨识训练。一旦确认某张图片是违法的，就可以使用数据追踪技术来定位和追踪同类图片。借助不断改进的 OCR 技术，可以精准提取网络上的一些非标文字，为未来的数据分析提供基础。

## 二、人工智能对广告监测与优化产生的影响

人工智能与移动互联网广告的结合形成了一种全新的互联网广告形式。在国内的广告行业中，个性化推荐与效果监测并重的广告模式变得尤为重要。相较于传统的品牌广告模式，它注重树立产品品牌形象，提高品牌市场占有率，并突出传播品牌在消费者心中的地位。传统的品牌广告通常是一种长期投资，主张企业应该着眼未来，而不是过于关注短期销量。然而，随着智能化广告的兴起，品牌广告将更加注重品牌形象与广告效果的结合，使品牌在市场上更具竞争力。

广告界有句经典名言：“你知道自己有一半广告费是浪费的，但永远都不知道是哪一半。”传统广告行业都已经接受了

这种状态，但互联网和人工智能催生了一批以数据和技术服务见长的新型专业广告公司，同时也促使大型广告公司加大在数字营销方面的布局，通过收购或者自建等方式，设立数字化服务部门或子公司，从而使得整个行业分工更加细化，专业化程度进一步提高。

广告领域的广告主和广告公司越来越关注广告效果的监测功能。智能广告产业受到资本市场的追捧，吸引了大量投资。这些投资为智能广告业提供了重要的资金支持，帮助智能广告获取更多的大数据资源。这也使得移动互联网广告和人工智能之间的联系更加紧密，推动了新型广告产业链的完善和发展。

广告监测是广告行业中非常关键的一环。在广告监测中，主要有两个方面需要注意：

首先，要监测广告的到达率。广告主和媒体主通常需要第三方监测机构进行公正客观的监测。这种监测包括广告是否按照计划全部到达目标受众，画面是否清晰，是否光线充足，是否有损坏或遮挡，以及电子屏是否正常运行，包括显示是否完整、声音是否正常、亮度是否适中等。监测机构会生成一系列第三方监测报告，为广告主提供客观的数据支持。

其次，借助监测结果来赢得良好的口碑。在广告行业中，广告效果监测是一个关键的环节，它不仅可以为广告主提供宝贵的市场反馈，还能够帮助企业优化广告投放策略，实现广告效果的最大化。监测机构通常会对广告监测报告进行深入的分析和评估，结合广告发布前期、中期、后期的数据，以及受众的反馈意见，来确定哪些广告在市场上取得了良好的反响。同时，监测报告也可以帮助企业识别哪些媒体平台适合特定的受众群体，从而在广告投放时选择合适的媒体。这种精准的广告投放不仅能够最大程度地发挥广告效应，还能够避免与竞争对手进行盲目竞争，提高广告投放的精准度和效果。

# 第三章　人工智能与广告传播的伦理审视

## 第一节　人工智能下广告传播中的伦理争论

### 一、隐私保护

（一）人工智能中的数据隐私和安全问题概述

人工智能的快速发展基于大数据信息技术的广泛应用，但也引发了对个人隐私的关切。因此，我们需要明确定义隐私，确保可操作性。随着人工智能的发展，侵犯个人隐私的可能性增加，相关法律和标准应该提供更强有力的保护。现有的隐私管制包括未经用户明示同意的数据收集和在用户明确同意的条件下进行的个人信息收集。然而，人工智能的发展对现有管制框架带来了新挑战，因为用户同意的个人信息收集范围不再受限。利用人工智能，我们可以轻松地推断出用户不愿意透露的隐私信息，例如从公共数据中推断私人信息，或者从个人信息中推导出与其相关的其他人员信息（如朋友、家人、同事）和在线行为、人际关系等。这些信息超出了最初用户同意披露的个人信息范围。此外，人工智能的发展使政府更便利地收集和使用公民个人数据。虽然大量的个人数据可以帮助政府更好地了解服务对象，确保提供个性化服务的机会和质量，但同时也伴随着政府部门和工作人员不当使用个人数据信息可能带来的风险和潜在危害。这些问题需要得到足够的重视。

在人工智能时代，个人数据的获取和知情权需要重新定义。首先，相关政策、法律和标准应该明确规定数据的收集和使用方式，不能仅依赖数据所有者的同意，更需要建立直接的规范。其次，必须建立实用、可执行、适应各种场景的标准流程，以确保保护数据来源的隐私。再次，需要规范使用人工智能可能推导出超过公民最初同意披露的信息的行为。最后，个人数据管理的政策、法律和标准应该采取延伸式保护，鼓励技术的发展，将算法工具视为个体在数字和现实世界中的代理人。这种方式可以实现控制和使用二者的和谐共存，因为算法代理人能够根据不同情况设定不同的使用权限，同时管理个人同意与拒绝分享的信息。

（二）个人隐私泄露的原因

随着信息化的迅速发展，人工智能技术在大量信息的基础上进行数据的搜集、分类、整理和应用，这就带来了个人隐私泄露的风险。

1. 个人层面

个人隐私泄露存在以下原因：首先，许多人对个人隐私的保护意识不足，未能充分认识到在人工智能时代，科技的快速发展以及信息流失速度的加快。其次，在人工智能时代，缺乏明确的隐私保护方法，人们不知道如何有效地保护自己的隐私信息。随着人工智能技术的迅猛发展，人们的生活越来越依赖于人工智能，但对于人工智能可能导致个人信息泄露的风险，人们的警觉性不够。过度依赖人工智能可能使个人失去对自身隐私的控制，甚至受到人工智能操控。这种依赖心理的形成可能导致个体与技术的关系失衡，使得隐私泄露问题日益突出。

2. 人工智能层面

个人隐私在人工智能时代面临多重威胁。首先，人工智能产品可能存在系统漏洞和程序错误，例如智能商品突然死机或人脸识别系统因相似面孔而混淆身份，增加了个人信息泄露的风险。其次，在信息采集过程中，个人隐私可能受到侵犯。人工智能系统利用生物特征识别身份、调整环境参数甚至监测生理特征来确保安全。然而，如果这些个人信息被不当使用，就会构成隐私侵犯和违法行为。最后，云计算技术的广泛应用也带来了个人隐私的危险。云计算的便利性和低成本使得大量数据存储在云端，这也增加了被盗取和泄露的风险。这些问题凸显了在人工智能时代，加强隐私保护措施的紧迫性。

3. 政府层面

首先，我国在公民个人信息权益保护方面的法律体系尚未完善。尽管我国已经颁布了大量的法律规定，涉及公民个人信息的保护，但缺乏一套专门用于规范公民个人信息权益保护的统一标准法律文件。这导致在我国的公共行政服务部门和各大保险公司中，对个人隐私权益的保护缺乏相关的法律规定支持。

其次，相关个人信息数据权益保护的宣传推广力度较弱。我国的公民个人信息保护法律规定相对分散，形成了碎片化的立法状况，而且一些特殊情况下的规则也比较烦琐。这种零散和过度碎片化的法律体系，使得公众对于个人信息保护的认知不足，缺乏必要的宣传和教育。这种状况影响了公众对于个人信息保护的意识和理解。

（三）人工智能背景下个人隐私保护的对策

随着信息的爆炸性增长和人工智能的迅猛发展，个人隐私和信息泄露的问题变得尤为突出，使人们的生活仿佛置身于一个“透明的房子”中。为了切实维护个人的合法权益，尤其是保护个人隐私信息，我们需要特别关注如何加强隐私权的保护。

1. 提高保护意识

在当前大数据和人工智能广泛应用的环境下，人们在使用互联网时应不断提高个人隐私保护意识，采取加密措施确保个人信息的安全。建议在使用人工智能应用软件时，及时删除个人隐私信息，并建立健全的家用电子设备隐私安全保护管理系统，对个人信息进行加密保护。同时，一旦发现个人隐私信息泄露的安全问题，应及时采取法律手段维护自身的合法权益。只有提高个人隐私安全保护意识，才能增强在网络环境中的安全性，促进我国人工智能的创新发展。

2. 加强技术研发

首先，企业应通过技术完善解决产品质量检测中的系统漏洞，借助数据分析实时跟踪个人信息，提高智能商业服务的质量和效率，做出科学合理决策。其次，企业应加强技术理论知识的应用，降低隐私信息泄露的风险。相对于国家相关法律的强制性政策和技术法规，个人隐私泄露和数据库的收集方面需要政策监管和规范，同时也需要加强法律法规的约束力，提高企业和个人对隐私安全的认知和管理规范能力。这些措施将有效促使企业、社会以及个人自身对隐私安全的重视，保护个人隐私信息不受侵犯，推动人工智能领域的可持续发展。

3. 加强法律监管

在人工智能时代，需要不断完善相关法律法规，建立健全行业法律体系。

这些法律法规的核心目的是维护人工智能应用环境下的个人隐私权益，明确定义个人隐私权益的适用范围，确立企业或个人在侵犯他人隐私权益方面的法律权限。通过明晰的法律框架，确保对隐私侵犯行为的有效监督和制裁。

4. 发展区块链技术

随着人工智能的快速发展，个人数据在网络平台上扮演着关键角色。为了防止个人数据的随意泄露，需要加强对个人信息的保护，不仅要加强法律方面的防护，还需推动区块链技术的发展。建立一套个人隐私安全技术保护的信息管控体系，防范个人信息的恶意泄露。

5. 提升隐私保护技术

除了以上提到的保护手段外，还需要专注研发基于人工智能数据解析技术的新型个人信息数据保护技术。通过深入剖析问题根源，有针对性地开展研究，包括个人信息数据源头的保护、信息数据水印技术、身份信息确认和个人匿名信息数据发表等技术。借助这些技术，设计出符合当今人工智能应用环境下的安全、高质量、可信赖的个人信息数据保护技术体系。这些技术的发展不仅是对隐私保护的强力支持，同时也有助于确保个人数据在人工智能应用中的安全和隐私。

（四）精准广告中的隐私保护相关问题与管理原则

在进行客户身份识别和行为解析时，人工智能系统会收集大量用户信息，这些信息可能来自各种网络平台、网站，也可能来自视觉识别系统或定位系统等。将这些数据进行整合分析，可以生成详细的用户画像，其中包含客户的个人隐私数据。然而，市场和用户可能并不知情自己的数据被记录，也可能在毫不知情的情况下被引导购买产品。有时，用户明知个人隐私被窃取却无法阻止。更令人担忧的是，个人隐私可能被随意售卖。一旦用户个人信息泄露，将对个人的生活、财产甚至生命造成难以估量的损害。

1. 精准广告与隐私保护

互联网已经迈入大数据时代，“数据为王”的经营模式与传统隐私权保护之间存在紧密联系。在大数据商业应用中，精准广告投放是与用户关系最密切的部分。广告商、广告发布者或广告主通过数据分析，推断用户现有或潜在的消费意向，并向特定用户推送相关广告。

尽管大数据背景下的精准广告模式在国内外已经实施多年，但在司法实践和消费者保护方面仍存在争议，焦点多集中在其是否侵犯用户隐私权的问题上。一些人认为精准广告源于对特定用户数据的分析，可能侵害用户的隐私权。然而，这种看法误读了精准广告的法律适用。从法理、比较法实践和现有法律规定以及互联网发展趋势来看，精准广告不仅没有侵犯用户隐私权，而且符合用户个性化服务和实现双赢局面的趋势。

2. 我国精准广告隐私管理的现状

在我国，互联网与消费者隐私管理仍处于初级阶段。相关法律渊源主要源自两个方面：一是个人信息安全与保护的法规，二是广告管理的法规。2000 年 12 月，《全国人民代表大会常务委员会关于维护互联网安全的决定》首次提出了“促进我国互联网的健康发展，维护国家安全和社会公共利益，保护个人、法人和其他组织的合法权益”的立法目标。其中第四条明确规定“非法截获、篡改、删除他人电子邮件或其他数据资料，侵犯公民通信自由和通信秘密”的行为构成犯罪的，依照刑法有关规定追究刑事责任。2009 年 12 月，《中华人民共和国侵权责任法》中第三十六条规定：“网络用户、网络服务提供者利用网络侵害他人民事权益的，应当承担侵权责任。”此外，2013年7月，中华人民共和国工业和信息化部发布了《电信和互联网用户个人信息保护规定》，规定了电信业务经营者、互联网信息服务提供者的个人信息收集、使用规则和安全保障措施，为精准广告的管理提供了一定的借鉴意义。

尽管我国在互联网环境下制定了多个消费者个人信息保护的法规，但体系仍然呈现碎片化特点。特别是在广告管理领域，对精准广告的管理规范仍处于探索阶段。从法规制定的原则性和框架性思路到具体的专门管理方法，都需要进一步深入讨论和研究，以建立更为完善的法律体系和管理机制。

3. 我国精准广告隐私管理宜采取的基本原则

在当今全球范围内，随着互联网营销业的蓬勃发展，基于大数据的精准广告以及与之相关的消费者隐私问题已成为行业关注的焦点。解决这一问题通常经历了多个阶段，包括媒体报道、公开讨论、行业自律和政府规制等环节。然而，由于大数据精准广告是一个新兴产业，在制定基于大数据的精准广告与消费者隐私保护的管理规则时仍需深入分析和探讨。

在制度建设方面，不存在绝对最佳的制度，而是需要根据特定背景和发展目标进行综合考虑。我国已将互联网视为应对未来国际竞争的战略利器，并积极推动互联网、云计算、大数据和物联网产业的发展。在这一背景下，规范精准广告与消费者关系的法规应遵循一些基本原则，以确保消费者的隐私权益得到妥善保护，促进产业的健康发展。这些原则可能包括数据安全与隐私保护、透明度与公平性、行业自律与监管相结合等方面。在制定相关法规时，需要充分考虑技术、法律、道德等多方面因素，确保管理规则既切实可行，又符合公共利益和市场需求。

（1）透明原则

在错综复杂的精准广告产业网络中，包括了各类广告平台、营销机构和媒体。在这庞大的网络背后，消费者常常处于弱势地位。大多数顾客并不了解自己的个人信息已被追踪或窃取，也不清楚哪些广告平台或营销机构正在使用或交易他们的个人数据，更不知道自己的个人数据被卖给了哪些广告商。因此，我们必须提高整个产业链的透明度。这需要数据使用者制定明确、清晰的隐私声明，用简单易懂的语言告知客户个人信息数据的用途。在使用数据之前，必须获得用户的允许，给予用户更多的选择权。这种解决措施已经成为世界范围内的通用准则，我国也在积极推行。这不仅是保护消费者隐私权益的需要，也是促进顾客与精准广告行业关系健康和谐发展的首要原则。

（2）平衡原则

在精准广告行业发展与顾客个人隐私保护之间的矛盾中，政策上的平衡原则至关重要。消费者期望个人信息得到充分保护，而企业则需要利用这些信息促进业务发展。因此，相关政策需要在鼓励行业创新进步的同时，确保顾客的个人数据不受泄露和滥用，防止垃圾广告对消费者的滋扰。简单的限制或偏袒某一方都可能造成广告产业和顾客利益的损害。法学研究者指出，面对各种多元化和矛盾化的利益，法律是最佳平衡机制，它在无限需求和有限资源之间找到平衡，通过立法实现对不同利益层面的正确规划。

（3）责权对等原则

在信息化时代，顾客个人信息数据被视为一种财产权，与其他财产权一样，个人信息所有权并不是人与物之间的直接关联，而是指因物的存在导致的人际之间的某种被认可的行为性关联。因此，要解决精准广告与顾客之间的矛盾，就需要妥善处理二者的“权力”“权利”和“责任”的关系。也就是说，需要处理好“可以做什么”“可以得到什么”以及“应当履行什么责任”的问题，使行为、利益和责任三者相互协调、相互促进，从而形成一个有利于公平交易的和谐、良好、有秩序的市场环境。

（4）具体化原则

精准营销是一个与技术密切相关且快速变化的领域，因此对其管理必须严谨细致，避免粗心大意和马虎粗疏。根据国外的管理实践，这个领域的管理规则往往需要进行细化，例如，浏览器的“禁止追踪”选项是否应设置为默认选项，用户对隐私声明的态度到底是“明示同意”还是“暗示同意”等行为规范。这些实践经验对我国精准营销的发展具有重要的参考意义，该领域需要一套详细实用的行为准则，而非仅仅是一些口头承诺。

在精准营销领域，技术的发展和变化非常迅速，这就要求管理规则不断适应新的情况，并且需要具有足够的灵活性和可操作性。浏览器的“禁止追踪”选项是一个重要的例子。如果将其设置为默认选项，那么用户的隐私将得到更好的保护，但这也可能会影响到精准营销的效果。因此，在管理规则中必须明确规定如何平衡用户隐私和营销效果之间的关系。

另外，用户对隐私声明的态度也是一个需要关注的重要问题。在实践中，“明示同意”和“暗示同意”之间的区别可能会影响到用户对隐私声明的接受程度。因此，管理规则必须明确规定如何处理这种情况，以确保用户的隐私得到充分的保护，同时也保证精准营销的正常进行。

总之，精准营销的管理规则需要足够具体和细致，以适应快速变化的技术环境和市场需求。这些规则应该明确规定如何平衡用户隐私和营销效果之间的关系，以确保精准营销的正常进行，同时也保护用户的合法权益。

## 二、数据安全

### （一）人工智能数据安全风险

人工智能数据安全风险是引发人工智能数据安全治理的根源，它涵盖了人工智能自身所面临的数据安全风险，以及因人工智能被恶意或不适当地应用而产生的数据安全风险。

#### 1. 人工智能自身面临的数据安全风险

人工智能决策的错误可由训练数据的污染引起。这种现象被称为数据投毒，它通过在训练数据中插入伪装数据、恶意样本等方式破坏数据的完整性，从而导致训练的算法模型产生决策偏差。随着人工智能与实体经济的深度融合，医疗、交通、金融等行业对训练数据集的需求日益迫切，这也为恶意和伪造数据的注入提供了机会，使得从训练样本环节发动攻击的潜在危害增加。

2. 人工智能恶意或不当应用导致的数据安全风险

人工智能的应用可能会导致个人数据过度采集的风险。随着各种智能设备（如智能手环、智能音箱）和智能系统（如生物特征识别系统、智能医疗系统）的普及，人工智能设备和系统能够更直接和全面地采集个人数据。用户的生物特征信息，如人脸、指纹、声音、虹膜、基因等，具有唯一性和不变性，一旦泄露或滥用，将对公民权益造成严重危害。

2019 年 2 月，一家人脸识别公司被曝光发生数据泄露事件，涉及超过 250 万人的数据和 680 万条记录，包括身份证信息、人脸识别图像和 GPS 位置记录等。此外，人工智能还可能放大数据偏见和歧视，威胁社会公平正义。由于人工智能训练数据的分布往往存在偏差，隐藏的社会价值倾向可能导致决策结果影响社会公平正义。例如，大量的互联网数据主要反映了我国经济发达地区和青壮年网民的特征，而对边远地区以及老幼贫弱人群的特征无法有效覆盖。据报道，美国 Kronos 公司的人工智能雇佣辅助系统使少数族裔、女性或有心理疾病史的人更难找到工作。

人工智能的数据深度挖掘和分析可能加剧数据资源的滥用，增加治理工作的难度。通过人工智能对用户的地理位置、消费偏好等数据进行深度挖掘和分析，可能加剧数据滥用问题。例如，差异化定价可能导致消费者的知情权和公平交易权受损，“信息茧房”可能影响用户自由选择信息。基于人工智能的数据分析和滥用给数字社会治理带来了严峻的安全挑战。

人工智能可以提升网络攻击的智能化水平，进而实施数据智能窃取。攻击者可以利用人工智能自动锁定目标，进行数据勒索攻击；自动生成大量虚假威胁情报，对分析系统实施攻击；自动识别图像验证码，窃取系统数据。美国 Vicarious 公司开发的基于概率生成模型的验证码识别算法，在标准的全自动区分计算机和人类的图灵测试 CAPTCHA（Completely Automated Public Turing test to tell Computers and Humans Apart）中，能够成功解开三分之二的验证问题。

基于人工智能的数据深度伪造威胁信息安全。深度伪造数据内容的大量生成和传播降低了生物特征识别技术的可信度，并为网络攻击提供了新的手段。随着换脸换声技术的不断进化，伪造图片和音视频的成本不断降低。

（二）我国人工智能数据安全治理建议

我国既是数字经济大国，也是人工智能领域的领先者。为了全面提升我国在人工智能数据安全方面的综合整治能力，我们必须坚持发展和安全并重的原则，以伦理规则为引导，以法律法规为准绳，以安全为制约，积极推进人工智能的标准化建设，发展高科技技术，并重视人才的培养。

1. 坚持发展与安全并举的治理思路

（1）为了推动人工智能数据资源的构建并解决发展中的问题，我们需要创建符合我国国情的共享数据机构，建立规范的数据交易市场，并促进各主体之间的数据互换。这将有助于我国发展优质数据资源的人工智能产业，并避免在人工智能产业发展中遇到数据依赖和数据所有权等问题。

（2）在确保安全的前提下，我们要提高人工智能数据的安全管理水平。因为人工智能需要大量数据来运作，所以我们要仔细研究如何保护这些数据，防止它们被污染或者被盗。同时，我们也要提高人工智能系统的安全性，让它能够抵御网络攻击。这样，我们就能够预测和管理人工智能数据的安全风险，为人工智能的进一步发展提供安全保障。

2. 引导社会遵循人工智能伦理规范

（1）加强人工智能理论规则的社会宣传至关重要。当社会形成了共识来规范人工智能发展，数据安全风险将降低。参与人工智能开发的人们在设计、研发、更新和整治过程中能更好地保护数据和权力，避免潜在的安全隐患。这有助于规避人工智能发展中可能出现的安全风险。

（2）积极参与国际人工智能理论规则的制定是至关重要的。在尊重各国人工智能治理条件的前提下，我们可以利用联合国、G20、亚太经合组织、上合组织等国际组织，促使各国间展开积极的交流与合作。在这个基础上，我们能够为人工智能数据安全提供治理思路，并加速形成广泛适用的人工智能数据伦理安全规则。

3. 健全人工智能数据安全法律法规

（1）推动数据安全和人工智能的立法进程。以国家为主导，将人工智能数据安全的法律法规作为基本原则，明确人工智能生命周期中不同参与者所拥有的资料和安全职责。针对数据过度收集、歧视和偏见、资源浪费、虚假伪造等关键问题，建立人工智能数据安全责任制和补救措施。

（2）完善人工智能数据安全相关法律法规。根据不同领域人工智能的特征，针对人工智能数据安全风险突出的区域，制定与之相关的法律法规。针对人工智能在算法设计、产品开发、成果应用三个领域的数据安全要求，提出相应的法律法规。

（3）加强人工智能数据的安全执法。在安全执法行动中，加强对高风险环节的监管，如信息采集、利用和共享等。特别是针对数据过度收集、侵犯个人权利、违反伦理道德等问题，应加大处罚力度。同时，优化人工智能数据安全事故的调查和取证技术。

4. 完善人工智能数据安全监管措施

（1）实施人工智能数据安全的监管和约束。依据国家法律法规，政府相关部门可以采用线上和线下等多种手段，对人工智能数据的过度收集、歧视和偏见、资源浪费等问题进行监管和约束。针对网络攻击人工智能、虚假伪造人工智能数据等不法行为，应加强技术监管和社会监督。

（2）开展人工智能数据安全评估与检测。通过行业组织或第三方平台，建立人工智能安全评估与检测平台，制定人工智能产品、应用和数据服务的安全检查评价方法和指标体系。开发安全评估与检测工具集，用于测试和提高人工智能产品的安全性和成熟度，最大限度降低人工智能数据安全风险。

5. 建立人工智能数据安全标准体系

（1）建立国家人工智能数据安全标准体系，加快关键标准的研发速度。以人工智能安全标准框架为基础，制订推动人工智能数据安全标准的计划。重点推进在评估人工智能数据安全、保护人工智能平台数据安全、保护无人驾驶用户隐私等方面的标准研究工作。

（2）完善国家人工智能数据安全的标准化组织体系。人工智能数据安全标准的制定应以全国信息安全标准化技术委员会、中国通信标准化协会等国家及行业标准化组织为主导，成立人工智能安全研究小组，推动国家、行业、团体标准化组织的协同合作。

（3）提升人工智能数据安全的国际标准话语权。加强人工智能数据的研发储备，在 IEEE、ISO、IEC、ITU 等国际组织中联合国内企业和研究机构等共同发声，使我国在国际标准制定中拥有更多参与人工智能数据安全工作的机会。

6. 创新人工智能数据安全技术手段

（1）加强人工智能数据安全基础理论研究和技术研发。在国家专项基金和国家社科基金的引导和支持下，与各界合作开展人工智能数据安全风险产生的原理研究和风险评估。重点突破小样本学习、联邦学习、差分隐私等保护人工智能数据安全的核心技术。

（2）完善我国人工智能开源学习框架，为人工智能数据安全基础研究提供有力保障。积极推动企业完善人工智能开源学习框架，加强数据安全设计和技能。同时，充分发挥国内市场优势，积极推动国家人工智能开源平台的产业链和生态圈建设。

7. 培养复合型人工智能数据安全人才

（1）建立完善的学校人工智能数据安全教育体系。鼓励国内外高等教育机构加快发展交叉学科，培养人工智能和网络通信信息安全领域的专业人才。创建强大的师资队伍，推动高素质、高质量人才的大规模培养。

（2）加强企业内部人工智能数据安全人才培养。鼓励企业设立培训机构，与科研机构和高校合作，共同打造人工智能数据安全培训项目，提高企业员工的专业技能。

（3）积极引进国际顶尖人才。制定相关人才引进政策，支持高校和企业吸引国际一流人才来华从事人工智能数据安全研究。鼓励企业采取资本运作等方式引进具有关键技能的人才。

## 三、广告歧视

歧视性广告指的是在广告信息中对特定群体或类别成员存在偏见或贬低的广告，主要包括性别歧视、种族歧视、社会地位歧视、宗教歧视和文化歧视等。

### （一）性别歧视

根据《我国电视广告中女性形象的研究报告》显示：在1 197个广告样本中，性别歧视广告占全部广告的33.7%，中性广告占64.7%，性别平等广告仅占1.6%。在有人物角色的554个广告中，性别歧视广告的比例高达62.1%。尽管平等和中性的广告占全部广告的66.3%，但如果排除非人物广告，含有性别歧视倾向的广告比例竟然达到了62.1%。这在一定程度上反映了在我国广告中塑造女性形象时确实存在性别歧视的现象。广告中的性别歧视主要表现在以下三个方面：

第一，女性角色的刻板传统化。广告将女性的生活空间局限于家庭，而且角色大多被固定为妻子或母亲（在517个女性角色中，有66.9%的女性角色职业不明，而在能辨别职业的女性中，有51.5%是家庭妇女）。例如，福临门天然谷物调和油广告中，父子二人悠闲地坐在沙发上观看奥运比赛，年轻的妈妈正在为他们烹饪美食，并誓言“用了福临门天然谷物调和油，我也要做金牌妈妈”。这则广告强化了对女性作为家庭主妇的刻板印象。

第二，女性价值的体现主要集中在容貌、年龄和体型上。广告利用女性形象作为吸引眼球的手段，将女性视为性对象

（在517个女性角色中，有87%是年轻漂亮的女性，有90.7%的女性角色身材苗条，而对女性脸部的特写竟然高达89.2%）。例如，立白集团沐浴露广告中，女主角有多个沐浴镜头，广告中包含多个对女性身体和脸部表情的特写，某些特写和动作远远超出了说明产品功效的需要。在这里，女性已经完全被物化为性对象和观赏对象。

第三，强调女性的从属地位。在广告中，女性往往被视为男性的附属品或衬托品，用于突出男性的地位和价值。例如，在某些汽车或电子产品广告中，女性角色只是作为装饰或配角出现，而男性角色则是主导者和决策者。

这种表现方式在广告中经常出现，反映了社会对女性角色的传统观念和偏见。这些广告不仅损害了女性的尊严和权益，也限制了社会对女性的认知和理解。因此，应该坚决反对广告中的性别歧视现象，推动广告行业的健康发展。

（二）种族歧视

种族歧视一直是社会中的一个敏感话题。某些广告商将种族优越感视为正常存在的意识形态，并将其应用于商品宣传中。这些广告传递了种族不平等的信息，告诉观众哪些种族和他们的生活方式更优越。这种信息导致人们潜意识地认为优等种族和国家的人民所消费的商品更好，并在购买商品时倾向于选择优等种族和国家的人民所消费的产品，以追求优等种族和国家的人民的生活方式。例如在我国，许多城市青少年喜欢购买广告商推荐的进口商品，甚至非进口商品不用。这种情况已经引起了家长、老师和一些研究部门的担忧。这表明广告加剧了社会种族和国家的不平等现象。

在当今社会，白人和黑人之间的种族不平等（即我们常说的种族歧视）是广告中最普遍且最具代表性的不平等现象。尽管黑人在被称为“移民国家”的美国并不算是少数群体，但过去在美国的很多广告中，黑人仍然被描绘成厨师、保姆和白人雇员的代表形象。相反，白人，特别是白人女性，通常被视为美丽的代表。尽管在近年来，一些黑人模特也开始出现在广告中，但他们的肤色看起来仍然要比实际浅得多。这些广告给观众留下了这样一种印象：白人比其他种族高贵，他们的生活方式是这个社会的唯一“向导”。此类广告无疑加深了种族之间的不平等。

## 第二节　广告传播的伦理审视方法

### 一、道德理论

（一）广告职业道德及其特征

广告职业道德是指广告活动中所涉及的全部人员之间关系的准则和规范的总和，包括广告主与广告经营单位之间、广告经营单位之间、广告主与消费者之间、广告经营单位与消费者之间的关系等。其中，最重要的是广告主与消费者之间的关系，这是问题最多，也是最主要的广告职业道德问题。广告职业道德由特定的社会经济关系决定，是广告从业者在从事广告活动中应遵循的思想行为准则，是沟通广告从业者职业行为与社会公德的桥梁和纽带。

1. 广告职业道德的范畴和内涵

（1）广告职业道德的范畴

广告职业道德属于职业道德的范畴，是社会道德的另一种体现。人们可以将广告职业道德作为标准来实现对广告活动的评估和调整。虽然法律手段可以解决广告活动中出现的问题，但是很大一部分问题需要借助职业道德和社会舆论的力量去解决。法律是人类社会正常运作的保护措施和主要的基本道德，广告活动只有在法律许可的范围内才能进行。但是，对于具体的广告活动，仅靠法律限制是不够的，还需要自觉遵守本行业乃至整个社会的道德伦理规范，形成长期稳定的道德观念，并对广告行为进行严格管理。广告职业道德作为社会道德的重要组成部分，其范围非常广泛，不仅包括广告主体的社会责任感、公益广告的责任感，还包括对广告媒体监督的责任感、绿色媒体的责任感，更包括广告公司工作者的职业理想、态度、职责、方法、纪律、荣誉和良心等。

（2）广告职业道德的内涵

广告的实质是一种经济效益，以商业信息为基础特性，通过运用艺术表现手段将信息传播出去，其信息在内容上具有很高的科技含量。广告信息传播的特征决定了广告职业道德以商业道德为根本，同时又包含了科技道德和艺术道德。有学者用三个字“真”“善”“美”总结了广告职业道德的内在含义，认为“真”是根本，“真”的主要表现形式是诚实。诚实是一种美德，是企业伦理的根本，也为广告赋予了生命的意义。诚信不仅对消费者的权益有影响，还对广告主和媒体方的权益有一定的影响。微观上，诚信形成广告人的职业素养；宏观上，对社会传播秩序和与广告相关的社会行为起到了规范和保护作用。诚信没有层次的划分，是传播道德的基础，是社会道德的界限，诚信受法律法规的约束，也是创造社会进步的最高道德界限，是基于人类精神文化的自觉和自信的诚信。“善”和“美”主要是将诚信作为根本促进广告职业道德的进一步发展。不同的国家、社会规则、宗教背景和历史时期都会使“真、善、美”和“假、恶、丑”的内在含义有所不同，但伦理道德的基本核心是一样的，都是保护人类高尚的道德价值体系。广告职业道德的“善”最终表现在广告人士对观众所表现出的诚心。因此，作为商业传播的表现方式，广告传播主要以经济权益沟通为主，不能要求广告主体做出无私奉献的行为。即使在商业模式中，也有善恶的划分，对广告职业道德“善”的验证可以看这几个方面：是否将自身权益置于消费者权益之上；是否只片面追求自身权益的最大获得；是否将对消费者权益的关心、保护和自身权益结合在一起，实现互利共赢。“美”是在“真”的基础上对广告创作的进一步要求，是社会对广告评价的重要体现。广告充斥在人们的生活中，它可以让人们感受美的惬意，也可以看到丑的浑浊，但无论是美还是丑都必然存在于社会道德的范围内。如果想要看尽人生百态，可以打开现代广告的这一扇窗，不同的社会层次、不同的社会群体、不同个体的人生观、价值观、幸福观、审美观等多种多样的形态在这里得到了充分的显现。广告内容的高尚、健康、积极，以及高超的艺术水平、良好的道德风尚都会在商业信息进行传播时给人们带来美的享受。相反，风格下流、粗俗肮脏、色情暴力的广告则会污染人们的精神世界和生活环境。总体来说，广告职业道德的实质在于平衡和规划各方利益，满足社会需求，以及规范广告从业者的行为。

2. 广告职业道德的本质

广告职业道德是职业道德在广告行业中的具体体现，为广告人提供了评估和调整广告活动的行为准则。通过法律手段和社会舆论的力量，广告人能够解决广告活动中出现的问题。良好的广告职业道德对于培养广告人的道德素质、促进广告行业的健康和稳定发展具有重要意义。具体而言，广告职业道德的本质涵盖了利益调节、满足社会需求和规范行为三个方面。

（1）利益调节

广告职业道德体现了广告行业整体利益的调节，其核心在于必须为了行业的整体利益而做出必要的自我牺牲。这意味着广告从业人员必须以符合广告行业整体利益的服从为道德准则。

（2）满足社会需求

随着广告由简单信息传递演变为引人注目的营销宣传，广告行业逐渐独立成为一个拥有独自特色和职能的社会专业领域。在这个过程中，广告不再仅仅是商业活动的一部分，而是由专业广告公司和代理公司负责的独立领域。因此，广告职业道德不仅仅是行业内部规范的需要，更是社会整体道德体系的一部分。这种道德要求体现在规范广告主体和从业人员的行为，以及提升他们的职业素养和道德观念上。

（3）规范行为

广告职业道德在规范行为方面具有重要意义。作为一种内在约束，广告职业道德在某些情况下能够覆盖法律无法触及的领域，并在其中发挥关键作用。广告职业道德要求广告从业人员遵循一定的行为准则，包括诚实、公正、尊重他人权益等。

3. 广告职业道德的特征

广告职业是众多职业中的一种，职业道德同样适用于广告职业。但由于广告行业的特殊性，其职业道德也有其特殊性。

（1）广告职业道德具有社会同一性

经济基础决定上层建筑，在不同的社会经济制度下，广告职业道德具有不同的内容，广告职业道德的形成受一定社会经济制度条件下社会职业道德的影响。它体现了一定社会经济关系所决定的社会道德和社会职业道德的基本原则和基本要求。

（2）广告职业道德具有特殊规范性

广告职业道德是在广告活动中逐渐形成的，它是充分反映广告活动规律、广告行业特点与要求的一种职业道德形式和准则。因而在不同的社会制度下，广告职业道德还具有共同性的一面。例如对于欺骗广告、虚假广告、恶俗广告等，各国都有消费者组织和相关的法规、条例等对其进行约束、管理和制裁。

（3）广告职业道德具有内部关联性

广告职业道德包括广告活动中所涉及的全部人员之间关系的准则和规范的总和，包括广告主与广告经营单位之间、广告经营单位之间、广告经营单位与广告媒体之间的关系等。各个主体关系紧密相连，彼此联系组成广告职业道德的整体，任何一个环节出错都有可能造成广告职业道德的失误。

（4）广告职业道德具有继承发展性

广告职业道德是依靠广告从业人员的内心信念、社会舆论和传统习俗进行善恶评价的，它植根于传统道德与社会经济关系之中，并在广告实践中不断发展变化。广告职业道德与普遍意义上的职业道德体系一样，往往会随着社会经济关系的变化而体现出不同的职业道德价值取向和不同的职业道德价值追求。

（二）广告职业道德的社会作用

1. 职业道德的社会作用

职业生活在人类社会中扮演着关键角色，同时职业道德作为职场行为的准则，必然对社会产生重要影响。它涵盖了社会生活的各个方面，根据职业准则引导人们规范有序地进行社交活动。职业道德在社会中发挥着以下几个方面的作用。

（1）调节与规范

职业道德的首要作用是调节与规范。通过职业道德，可以规范人们的行为举止，促进个人成长，同时调节整个行业的精神风貌，完善行业规范。职业道德具有通过善恶标准来调解职业中各种关系的能力，这种能力需要通过评价、指导、沟通等多种手段来实现。职业道德的关键在于调节利益关系，使其与社会利益相一致。

（2）认识与评价

职业道德的基础作用是认识与评价。职业道德的重要准则是评判自愿的关联行为。职业道德的框架为我们提供了一个道德的视角，使我们能够明晰社会中的元素和整体，通过道德判断、道德标准和道德理想等途径，我们能够真实地揭示元素和整体之间的社会利益关系，并对这些关系的方向和表达方式进行准确解释，从而更好地引导我们的行为，促进社会的和谐发展。

（3）教育与沟通

职业道德至关重要的作用是教育与沟通。职业道德可以通过评论、鼓励等多种方式，在社会生活中制造舆论，对不良行为进行批评，对良好品德进行宣传，树立职业道德榜样，规范业内员工的行为举止，提高职业道德素养。

（4）综合与保障

职业道德的最终作用是综合与保障。职业道德能够规范员工的行为举止，促进个人职业素养的发展，提高行业发展速度，确保行业的稳步前进。只有通过职业道德的自律管理，才能防止破坏职业道德准则的事件泛滥成灾，从而取得优异的业绩和成就，最终净化社会生活的空气，保障行业健康稳定地发展。

2. 广告职业道德的社会影响

（1）广告职业道德对社会道德面貌的积极影响

广告职业道德是广告从业人员在从事广告活动过程中应当遵守的行为规范和标准。虽然它不是强制性规定，但其规范性具有较强的约束力，体现了广告从业者对社会和他人应尽的责任和义务。广告职业道德对整个行业的运作和社会的道德风尚产生积极影响，主要体现在以下几个方面：

1）广告职业道德是广告行业活动的规范标准。广告作为一种经济手段，早在我国历史上就有存在。在我国改革开放初期，广告行业经历了边探索边发展的阶段，形成了“摸着石头过河”的发展模式，因此曾经走过弯路。随着改革开放的深入，广告行业逐渐步入市场化发展轨道。在迅速发展的过程中，广告行业面临着多种问题。1994 年，《中华人民共和国广告法》颁布，后来又出台了多项相关法规，规范了广告活动的范围。然而，在广告信息的创作、推广和反馈过程中，各种利益关系交织，“高手”们活跃在法律和道德边缘，凸显了错综复杂的关系和问题。处理这些关系和问题除了需要严格遵守法律法规外，还需要依赖广告职业道德进行调控。广告职业道德调控通过舆论评论、教育感化等手段实现规范目标。在广告管理过程中，既需要依法治理，也需要用广告职业道德来约束广告行为，以确保广告活动的合法性和规范性。广告职业道德和广告法律法规相互促进、共同协作、彼此渗透。例如，大众广告媒体有权发表广告资讯，这是法律赋予的正当权益。然而在广告中，过多的内容可能令消费者感到厌烦，特别是在医疗领域，过度推销药物和保健品会引起消费者的反感。这些行为不仅违背了消费者的期望，也违反了广告职业道德。通过规范广告职业道德，可以唤起从业者的职业操守和社会责任感，纠正不合理现象，使广告活动在良性的范围内持续发展。

2）广告职业道德是广告从业人员的职业行为准则和价值标准。在市场经济条件下，各个职业领域都面临着个人与他人、个人与集体、局部利益与全局利益、眼前利益与长远利益等矛盾，这些矛盾受到多方面利益的影响。广告行业在市场经济中的风险与挑战，决定了广告行业所面临的矛盾与压力更为尖锐和复杂。广告从业人员经常面对各种困扰，需做出多重选择。广告人处于各种利益交织的环境中，有时可能非常辛苦，甚至失去尊严，但最重要的是以服务为本，满足客户需求，这是广告人的天职。服务客户和服务消费者本应是为了同一个目标，然而在实际情况下，二者之间常常存在分歧，特别是当广告主要求的广告信息内容与社会道德、公众利益相冲突时，广告从业人员就陷入两难境地。广告职业道德成为他们在面临选择时的价值准则。

3）广告职业道德对社会道德产生重要影响。广告不仅具有经济影响，也在社会层面产生广泛影响。作为一种信息传播形式，广告不仅推销产品和服务，还传递一种生活方式、价值观念和消费文化。因此，广告被视为新生活的推动者。实现新生活常常需要摒弃旧生活的模式，这种转变并非轻松的过程，常伴随着强烈的阵痛和巨大的代价，甚至引发道德观念上的冲突。在这个过程中，广告在自觉或不自觉中对社会道德观念产生积极或消极影响。那些虚假庸俗的广告无须多言，但一些强调“皇家气派”“尊贵享受”的广告，对社会大众，尤其是对年轻人的道德观念可能造成不良影响。相反，一些出色的公益广告鼓励相互理解，倡导美好人文环境，净化人们的心灵，对社会产生积极作用。此外，商品广告中也有一部分传达出浓厚的人文关怀，同样能够净化社会环境。广告职业道德观念不仅影响社会道德评价，也在遵循整体社会道德的同时，塑造了社会道德的一个层面，在不断变化和发展的新形势下，推动社会道德向更完善的方向发展。

（2）广告职业道德的缺失会对社会道德面貌产生消极影响

广告职业道德的缺失会对社会道德面貌产生消极影响。在广告活动中，如果职业道德标准缺失，可能导致广告内容不当，误导观众，甚至宣扬负面价值观。这种情况下，广告不再是社会道德的引领者，反而可能成为社会道德观念混乱、价值观念扭曲的推手。广告作为一种公共信息传递工具，其职业道德的缺失可能引发社会道德观念的混淆，破坏社会的公德心和价值观念，从而对社会道德面貌产生负面影响。具体来说，广告职业道德对社会道德面貌的负面影响主要表现在以下几个方面：

1）对特殊群体的侵犯。这里指的特殊群体主要是女性和儿童。广告领域有一个由广告大师大卫·奥格威提出的著名的“3B”原则，即选择儿童、女性和动物作为广告表现手法，以吸引消费者的注意力。然而，在对待儿童和女性的广告中，通常会针对他们的天生特点进行过分渲染，甚至进行过度宣传。儿童因为生理和心理尚未成熟，缺乏辨别能力，容易受到外部影响，很多广告借此机会灌输攀比观念，对他们产生不良影响。对于女性来说，某些广告则将她们定位为男权社会的附庸，将女性刻画成仅仅依赖美貌来取悦男性的群体，这种刻板印象对女性造成深远伤害。

2）对商业道德的毁损。商业道德要求广告内容客观真实，合法竞争，并体现全面的价值观。然而，在市场经济中，急功近利和个人主义的蔓延导致一些广告主体忘记了最基本的道德规范。虚假广告、低俗广告和新闻广告等不道德行为频频出现，严重损害市场经济秩序，引发人们对商业道德的质疑。更为严重的是，一些人认为这些不道德行为是市场经济的必然产物，认为它们无关紧要。这种麻木和漠视的态度将导致广告中的伦理道德逐渐丧失，最终恶化整个广告市场。

3）对价值观念的误导。广告目前更注重传递观念而非产品推销。通过大众传媒的影响，广告大力灌输“时尚”和“白领乐趣”的理念，使人们陷入过度消费和攀比的陷阱，追求享乐和物质。特别值得关注的是，广告所呈现的形象被塑造成一种欲望的象征，推动人们形成唯利是图的心态，进而引发恶性循环。这种现象使人们的价值观朝着经济主义、消费主义和享乐主义的西方价值观靠拢。如果我们不加以干预，这种情况将对传统价值观造成剧烈冲击，甚至可能被腐化、堕落的价值取向所替代。

4）对生态伦理的忽视。生态伦理学是随着社会发展而兴起的新兴伦理学科，它的核心目标是实现人类与自然的和谐共存和共同进步。这表明了人类道德应当在广告传递的价值观中体现出来。然而在一些广告中，仍然存在忽视生态伦理的不负责任行为，比如以虎骨和象牙为代表的一些广告。这种现象显示出一些广告制作者忽视了保护野生动植物及其生态环境的道德责任。这种情况需要引起广泛关注，以推动广告行业更加重视生态伦理，遵循道德和法律准则，保护地球上宝贵的生物多样性。

此外，一些广告对防止污染产生了不利的影响，比如在公共区域宣传烟草广告，推销含有氟利昂的产品，以及宣传不可降解塑料产品的广告。还有一些广告宣传对环境造成污染的燃料、轮胎等。这些广告忽视了生态伦理、人文关怀和可持续发展的理念，不符合社会发展的趋势，对人类与自然的和谐相处产生了不良影响。

（3）广告职业道德与社会道德之间存在着相互影响的关系

广告职业道德与社会道德的关系是相互影响的。一方面，广告活动受到特定的道德环境的制约或支持，在一定程度上影响了广告的内容和形式。例如，诚实和公正被视为重要的道德价值，因此广告中不得含有虚假或误导性的信息。另一方面，广告活动本身也带有职业道德倾向或暗示，对整个社会道德体系产生着潜移默化的影响。然而，我们也应该警惕广告职业道德对社会道德面貌的负面影响。一些不良的广告可能会传播虚假信息、误导消费者、鼓励过度消费等，从而损害社会道德和价值观。此外，广告中的不良内容还可能引发社会的不满和争议，加剧道德观念的分化和对立。

## 二、社会责任理论

### （一）广告社会责任的内涵

广告的社会责任不仅仅限于广告主、广告经营者和广告发布者赚取利润和承担内部管理责任。它更深层次地包括引导人们树立正确的消费观念，关心社会公益事业，倡导诚实守信、积极向上、和谐共处的道德风尚。广告行业应当承担这种社会责任，追求更广泛的社会价值，推动社会的进步和发展。

（二）广告社会责任缺失的原因

1. 广告主的责任缺失

在广告行业，由于广告主渴望获取巨大的经济利益，往往急功近利。为了快速获得广告宣传带来的收益，广告主在广告创作或投放过程中常常会掩盖关键信息，导致广告失去真实性和可信度。这种责任的缺失导致广告变得虚假无实，欺骗了消费者。三鹿奶粉事件是广告主不负责任的典型案例，而类似的事件比如苏丹红事件也屡次发生，凸显了广告主在道德和责任上的缺失。

2. 广告经营者的责任缺失

当前，广告经营者缺乏必要的职业道德教育，导致广告行业普遍存在责任感缺失的问题。在人才选拔方面，行业过分注重专业能力，而忽视了从业人员的基本道德素养。当代社会风气普遍虚浮，在金钱至上的氛围中，广告经营者的创作态度发生了明显变化，从追求创新逐渐演变为追求眼球效应而不择手段。这种职业素养的缺失导致广告作品中的社会责任感减弱。在现实生活中，许多广告公司为了谋取更多的利益制作“虚假广告”，损害了消费者的权益。这种行为威胁了社会诚信体系，最终也破坏了产品在社会生活中的声誉。在医药和化妆品等广告中，产品效果往往被夸大，误导消费者，导致产生不良的社会风气。

3. 广告发布者的责任缺失

广告发布者是指需要传达广告信息的商家或法人，也包括其他经营组织者，他们是大众传播媒介的委托人。大众传播媒介具有多种形式，包括报纸、电视、图书和网络等，随着信息化时代的到来，各种信息在人们之间迅速传播，在传播广告信息时，广告发布者有责任审核广告内容，确保广告合法合规，符合当今社会的道德和文化需求。然而在现实生活中，一些广告发布者出于利益驱动可能会忽视审查程序，即使广告可能会影响社会风气，他们也会因为巨额的广告费而执意发布广告。

例如恒源祥的十二生肖广告中，电视台可能未能发现其中的重复内容，显示出他们的失职和疏忽。这种情况可能引起观众的不满和困扰。因此，需要采取措施提高广告制作的质量和监管水平，以确保观众的良好体验。

（三）当代中国广告社会伦理责任建设

广告传递了生产和消费之间的关系，促使市场活跃，并且很多广告支持了社会文化和体育事业，满足了人们物质和文化生活的需求。然而不可否认的是，在当代中国的广告行业中依然存在许多问题，特别是在履行社会伦理责任方面，这些问题值得我们深入研究和反思。

1. 缺乏诚信

广告中存在大量误导性甚至是欺骗性的广告宣传。作为一种信息传播活动，广告必须传达真实客观的信息，包括商品的性能、产地、用途、质量、价格、生产者、有效期限、服务内容等。由于普通消费者在商业活动中处于弱势地位，他们对商品信息了解有限，无法科学鉴别商品品质，通常只能依赖商家介绍和广告宣传来做出购买选择。因此，传达真实客观的信息是广告活动履行社会伦理责任的基本要求。

传播学上有一个“拟态环境”的理论，指的是传播媒介通过对象征性事件或信息进行选择、加工，重新加以结构化后向人们呈现的环境。一些广告利用“拟态环境”夸大社会生活中的某些方面，误导消费者。尽管广告上的图片、语言和数字并非完全虚假，但它们常常在广告消费中误导消费者。例如某些医疗广告可能夸大某些个别治愈的病例，但却避而不谈可能产生的副作用或其他不利于广告宣传的因素，使得他们的医疗产品或服务看起来“一流”，而真实情况却相去甚远。

此外，有很多广告完全是虚构的，捏造一些事实。比如，成都市工商局锦江分局春熙路工商所接到了关于涉嫌虚假宣传的“天使丽人美容胶囊”广告。该美容胶囊的广告刊登了明星们使用后的所谓“使用感受”，内容精美，但纯属虚构。除一位明星承认自己是“天使丽人美容胶囊”的代言人外，其他明星均坚决否认使用过该产品。他们对刊登的“使用感受”感到非常愤怒，一致表示该广告虚假欺骗，捏造事实，误导消费者，严重损害了他们的声誉，对此表示强烈谴责和抗议。

2. 低级趣味泛滥，恶俗色情广告成风

目前存在低级趣味和恶俗色情广告泛滥的现象，这类广告的出现是为了吸引消费者的眼球。在城市的大街小巷，我们常常能见到印有“完美女人”的内衣广告或者带有性幻想的“今晚有房事”的房地产广告等，还有诸如“我要泡妞”（泡妞为商品品牌）的商品广告，正是这类广告的代表作。还有一些广告虽然没有露骨的色情成分，但也反映了歧视妇女的媚俗倾向，例如某些酒类广告将女性作为产品的背景，这与产品本身无关，但这种做法严重侮辱了女性的尊严；或者在广告中过分渲染女性的弱势地位，强调女性依附于男性的形象等。

3. 极端的广告宣传

为了引起关注，一些广告采用极端手法，危害了社会安定。在广告的社会伦理职责方面，广告的使命是吸引消费者购买商品，内容必须真实且具备良好的品质和内涵。广告制作者必须充分考虑广告内容和投放方式可能对社会安定产生的影响。在当前快速发展的经济环境下，广告主要集中在经济发达、人口密集的城市进行。一些不良广告为了获取关注和产生震撼效果，采用虚假夸张甚至编造不实信息的手段，如“四不像将要到达某区域”等，这种手法引发市民的恐惧，严重干扰了社会的稳定。此外，在闹市区或大型节日活动中，一些企业采用发放财物的方式进行广告宣传，引发市民争抢，场面混乱，甚至导致伤亡事件，给社会秩序带来了严重威胁。这些事件的发生对社会产生了非常负面的影响。

首先，为加强我国广告社会伦理责任，我们应遵循“贯彻制度、行政管理和道德自律”的原则。首要任务是建立健全的广告法律法规制度，这不仅是广告行业履行社会伦理责任的基本前提，也是确保社会伦理职责得以落实的关键。随着改革开放和市场经济体制的发展，我国广告事业迅猛发展。然而在经济转型期间，广告的法律规定尚不够完善，甚至有些领域缺乏法律约束。这就使得规范广告的社会伦理职责显得非常困难。以影视明星或体育明星代言不良产品为例，若他们在毫不知情的情况下成为虚假广告的代言人，是否应该由他们承担法律责任呢？根据《广告法》的规定，发表违法虚假广告的组织和广告商将依法担负民事责任，而广告运营者、发布者以及参与虚假广告的社会组织或团体也必须依法承担相应的连带责任。因此，建立健全的广告法律法规制度，不仅能保障广告行业的健康发展，也能确保社会伦理职责的切实履行。新《广告法》中加重了广告代言人虚假代言的民事责任。显然，代言人特别是一些名人、专家从事代言行为获取高额报酬，实为利用其高知名度影响和引导广大消费者，因此理应为其行为承担责任。

其次，为了增强广告行业的社会伦理职责，我们需要加强对广告行业的行政监督和管控。这种监督不仅创造了和谐的社会环境，也为广告行业履行社会伦理职能提供了必要的支持。政府相关部门具有指导、监管和管控的职能，应该在广告行业中发挥作用。特别是在医疗广告领域，我们经常发现存在夸大医疗效果的虚假广告。然而，违法虚假医疗广告却很少受到严厉的惩罚，这使得发布虚假医疗广告的成本远低于非法盈利。政府相关部门应该采取行政手段，加大市场监管力度，加大经济处罚力度，以震慑这些违法虚假广告行为，最终实现广告市场的良好运行。

最后，我们需要提高广告主、广告代理商以及媒体的道德自律水平，要求他们自觉承担广告社会伦理职责。法律限制和行政监督管理是外部强制手段，要真正建立健全广告伦理，必须将法律的硬性规定与道德的软性约束有机结合，即将外部强制与内在自律有效融合。目前，广告的运作往往受到利益驱使，道德的观念和呼声相对较弱。一些广告与法律界限相接近，仅仅依赖法律手段和行政手段处理这些问题非常困难，例如一些以吸引眼球为主的美女广告，虽然具备一定的审美价值，但过度宣传会严重影响未成年人的身心健康，也会败坏社会风气。

许多违法虚假医疗广告在媒体上发布，受到社会各界的强烈谴责，媒体也应该进行反思，是否能够在义利关系上给社会一个满意的回应？建议在社会各界建立广告伦理委员会，认真调查分析广告活动中涉及社会伦理职责的问题，并在适当的时机将调查结果公之于众，促使广告主、广告代理商以及媒体不断提升自身的道德自律水平。

## 三、利益相关者理论

### （一）利益相关者概念

利益相关者是一个范围广泛、成分复杂、性质各异的群体。因此，要对其概念做清晰界定十分困难。目前学术界对于这一概念的界定可谓见仁见智。总的来说，利益相关者的概念有广义和狭义之分。广义的概念认为利益相关者是能够影响企业或被企业影响的人或群体，既包括有益于企业价值实现的利益相关者，也包括不利于企业价值实现的利益相关者，如股东、员工、客户、供应商、政府机构、业界团体、竞争对手、公益团体、抗议群体等，着重强调的是企业与利益相关者的双方立场。狭义的概念认为利益相关者是与企业有直接关系或者占有重要位置的人或群体，如股东、员工、客户、供应商、重要的政府机关和社会团体、相关的金融机构等，着重强调的是企业的立场。

### （二）利益相关者理论的主要内容

1. 利益相关者的类型

在研究利益相关者时，首要任务是明确定义分类标准，不同的标准会导致不同的分类结果。利益相关者是因为各自独特的利益而存在的群体，举例来说，在企业中，股东、雇员和债权人等都拥有各自不同的利益。同样地，在高等学府中，教师、学生、出资人之间也有各自的利益关系。由于利益相关者的利益各异，他们受到组织影响的程度也因此不同，进而影响了他们参与组织管理的积极性。在利益相关者理论的动态发展中，米切尔等学者做出了重要贡献。米切尔等学者提出的利益相关者理论为企业研究提供了实用性的框架，在他们的观点中，企业的利益相关者可以划分为三种主要类型：首先是确定性利益相关者。这些利益相关者具有支配性权利和合法性，是企业首要关注和密切联系的对象，包括股东、雇员和顾客。其次是依赖性利益相关者。他们具有合法性和紧急性，例如一些自发组织的协会或团体，这些利益相关者对企业有一定的控制力，但其依赖性较强。最后是潜在性利益相关者，可进一步分为静态型、自主型和乞求型。这种分类是动态的，个人或组织在获得或失去某些属性后，可能从一种状态转变为另一种状态。这一分类方法为识别利益相关者提供了清晰的结构，具有较高的实用性。

2. 利益相关者理论的核心内容

利益相关者理论的核心思想在于，企业的经营活动不仅是影响股东，而是涉及所有与企业相关的利益相关者。因此，公司治理的目标应当是满足多方利益相关者的不同需求，关注企业经营对社会经济的影响，确保各利益相关者都能够参与到公司治理中，共同参与决策过程。

从现代企业的角度来看，企业不仅仅依赖股东的特殊契约，更多地依赖于各利益相关者之间的合作。为了提高公司治理的效率，必须平等对待和保护每一个利益相关者的产权和权益。具体而言，这意味着通过合理分配剩余权益来满足各方的产权权益，同时通过合理分配控制权来建立一个利益相关者之间相互制衡的机制。这种做法旨在防范自身权益受到他人侵犯，从而实现长期稳定的合作关系。在这一模式下，企业不仅仅是股东的天下，而是多方利益相关者共同构建的和谐共生体系，这种合作关系在长期发展中能够实现持续稳定的经济效益。

## 第三节　人工智能时代下广告伦理审视的实践

### 一、人工智能融入广告内容生产的伦理风险

风险的概念有多种阐释方式，一种看法是将风险定义为现

代化进程中对自身产生的危险和不安全感的系统性处理方式。在本质上，风险是损失的不确定性，伦理学的核心目标是追求善。当人工智能应用于广告内容生产时，存在伦理风险，即当技术的使用偏离了“技术向善”的基本伦理规范时，可能会导致损失和不利后果。2020 年，郭锐在《人工智能的伦理和治理》中提出了人工智能伦理的两个基本原则：技术必须促进人类的善，即以人的根本利益为导向，同时不能让日益发展的智能机器的自主性削弱人的主体性，即需要遵循责任原则。

本研究在百度搜索资讯分类上，以“ChatGPT”+“广告文案”及“ChatGPT”+“内容营销”为关键词检索到了约 160 条相关资讯。在对涉及使用“ChatGPT”进行广告营销文案创作形成的内容文本进行分析后，我们发现这些文本主要来自传媒、财经和科技领域的专业媒体、企业号、个人自媒体，以及广告营销行业的从业者。他们通过测试“ChatGPT”应用于不同主题和营销目标下的文案策划和创作，具体案例包括：解放日报旗下机构发布的文章《ChatGPT 写的宣发文案，吓到从业者了》介绍了 ChatGPT 为电影创作宣传文案的情况；澎湃新闻客户端政务号“科普中国”发布的文章《ChatGPT 引爆全网热议！如果把它当作“聊天机器人”，那就错了！》描述了 ChatGPT 为一款游戏创作微博推广文案的实例；网易号汽车内容作者“人车志官方”发布的文章《ChatGPT：让一部分汽车编辑和文案人员失业》探讨了 ChatGPT 为几款汽车品牌创作广告文案的情况；另外，数码领域的自媒体账号“王小琉”发布的文章《经验分享：如何教 ChatGPT 替你从 0 到 1 写软文》则介绍了通过分步提问对话方式，引导 ChatGPT 为一款科学仪器创作营销推广文案的方法。

本节基于上述样本进行初步分析，探讨了 ChatGPT 生成的广告文案的内容质量以及相关机构与从业者对运用生成式人工智能进行广告营销内容创作及其存在风险的看法。结合人工智能伦理“人的根本利益原则”与“责任原则”两大基本准则，对生成式人工智能应用于广告内容生产的潜在风险问题进行深入审视。

（一）广告内容安全的风险

ChatGPT 的技术发展路径采用了“大数据+大算力+大算法=大模型”的策略，并在“基础大模型+指令微调”的方向上探索出新的范式。在这个模式中，基础大模型类似于人脑，而指令微调则是一种交互式训练方法。通过这种方式，ChatGPT 结合了“基于人类反馈的强化学习”训练方式，将人类偏好作为奖励信号，从而使模型逐渐符合人类的认知理解模式。

然而，由于 ChatGPT 在生成广告内容时需要大量的数据和语料库支持，所以 ChatGPT 的答案文本是基于海量数据和经验形成的，是对已有信息的程序化处理。这也带来了一个问题，即数据和语料库规模庞大，来源难以明确，可能存在引用虚假或错误信息的潜在风险。根据《中华人民共和国广告法》的规定，广告必须真实、合法，不得含有虚假或引人误解的内容，不得欺骗、误导消费者。广告和营销活动的目的在于提供真实的关于产品和品牌的信息，以期对消费者产生符合预期目标的影响。

如果应用生成式人工智能进行广告内容创作形成的文本未经人工谨慎核对和修正，就有可能含有虚假信息，误导消费者。这种行为将侵害消费者的根本利益，违背了人工智能伦理应坚守的“人的根本利益”原则，带来内容安全的风险。因此，在应用生成式人工智能进行广告内容生产时，必须谨慎核对和修正文本，以确保广告信息的真实性和准确性，从而遵循伦理原则，保障人的根本利益。

（二）广告价值导向偏差的风险

生成式人工智能背后的技术是由工程技术人员设计、开发、监督、优化和管理的人造算法模型。这种技术不可避免地存在算法黑箱和算法歧视等传统人工智能的固有缺陷。广告不仅仅是一种商业行为，更是一种文化传播活动，通过内容和形式传递特定的价值观念。根据现行《广告法》的规定，广告内容应以健康的形式呈现，同时不得违背社会良好风尚。然而，在生成式人工智能算法模型的背后，企业和技术人员的价值观念与大众权益背道而驰的情况可能会存在导向偏差的风险。以OpenAI推出的第二代图像智能生成模型DALL-E2为例，该模型根据用户的文字指令创建图像时，被指出带有一定的职业和性别偏见。这种偏见可能违背了广告应传达健康、社会价值观念的要求。所以，人工智能融入广告内容生产存在着广告价值导向偏差的风险。

（三）广告内容版权归属的风险

在著作权法中，作品是受保护的对象。广告文案、策划案、平面广告、影视广告、广告音乐、广告摄影等作品是创作者脑力劳动的成果，用文学和艺术形式向消费者传递商品或品牌内涵信息。生成式人工智能如ChatGPT所产生的内容是否具有版权以及著作权归属问题在国内外学界存在广泛争议。

著作权的独创性是其基本属性和构成要件。然而在广告创作实践中，经常出现创意模仿和未经授权使用素材等侵权行为。因此，广告作品的著作权保护成为广告行业内容创新和良性发展亟须解决的关键问题。以ChatGPT为代表的生成式人工智能在构建数据和语料库时，如果未经授权使用受著作权保护的文本、图像、音视频、代码等作品，进行搬运、拼凑和修改，将带来侵犯权利人著作权的风险，使得广告在版权保护方面面临更为严峻的挑战。

（四）广告创作主体异化的风险

人工智能的发展不仅深刻改变了外部世界，也对人类自身的主观世界产生深远的影响。从伦理角度看，技术应该促进人的精神和智力发展，而不是限制。技术应该提高人的批判意识和创新能力，而不是削弱。虽然ChatGPT等技术是基于人类语言数据和知识训练的“智能”机器，但当它深入到广告内容创作中时，人类创作者可能会面临过度依赖方便高效的工具而导致自身的创造性思维和语言表达能力减弱的风险。

此外，通过对专业媒体、企业号、个人自媒体和广告营销人员使用ChatGPT创作文案的样本进行分析发现，目前生成式人工智能提供的广告内容主要是整合性和程序化。由于缺乏人类独有的情感体验和丰富的生活阅历，这种程序化创意难以达到独特性和审美性的要求。因此，生成式人工智能无法创作出真正引起共鸣、打动人心的广告文本。

## 二、人工智能融入广告中的责权关系划分

### （一）广告主的责任

广告运作过程是一个多方合作的复杂过程，涵盖了广告活动的发起、创意、策划、制作和发布等多个关键环节。在这个过程中，任何一个环节出现问题都可能对广告的传播效果产生负面影响，同时也可能引发广告伦理问题。这种多层面、多环节的合作体系需要严密监控和协调，以确保广告活动的顺利进行，维护广告行业的信誉和道德标准。因此，问题广告的产生并不能简单归咎于广告主，广告生态中的另外两大主体——广告公司和广告媒体同样可能是问题广告出现的根源。在广告活动中，不论问题出现在哪个环节，作为广告活动的发起者和出资人，广告主始终应承担最终责任。这体现了广告主作为广告活动的主导者，在法律与伦理框架内对广告内容和效果负有监管责任的现实。事实上，广告主片面追求经济效益或短期效益，提供虚假不实信息，是导致问题广告产生的最主要的原因。

广告主涵盖了社会生活的各个领域，广告的整体目标是统一的，但在广告使用的方式、广告的形式、媒体的选择以及期望的回报值等方面存在巨大差异。广告的运行方向受广告主的信任度和社会责任感的影响，社会责任感极低会导致问题广告的出现。广告主在广告职业道德上的失范表现多种多样，但最终目标是吸引消费者的注意，促使产品销售，实现更多利润。当前，广告主的信任度和社会责任感引起了社会的广泛关注，也成为制约广告产业健康发展的主要难题。在丰富多样的广告信息中，消费者难辨真伪，而广告主则更难在消费者心中树立诚实守信的企业形象。综合而言，广告主的道德失范主要体现在以下五个方面。

1. 信息虚假，捏造卖点

“机会主义倾向”是指人们在经济活动中为了个人利益，会有一种投机取巧、破坏市场规则和秩序的倾向。而虚假广告则是指广告发布者夸大广告信息，将虚假宣传为真实以欺骗大众。在社会生活中，广告通常是事后才会受到审查，即使广告对社会产生不良影响，也只是受到停播处罚。由于虚假广告带来的利润极高，而违法成本较低，虚假广告屡禁不绝。在道德和伦理层面，广告发布者存在严重问题，因为虚假广告实质上是在欺骗消费者，制造虚假卖点，以牟取高额利润。在医疗服务行业，虚假广告现象尤为突出。一些标榜为“祖传秘方”或“永久根治”的药品可能并无治疗效果，甚至是无效的，却被夸大其效果，欺骗消费者。一些疑难疾病如癌症、艾滋病等，虚假广告可能通过变相保证治愈来引诱急需治疗的患者上当受骗。这种现象不仅给人们的财产造成损失，还使患者及其家属陷于更加困难的境地。

2. 言过其实，夸大承诺

与虚假广告相比，人工智能广告投放的负责人需要在广告伦理方面减少问题的出现，以抑制虚假广告的现象出现。广告在传播过程中常常夸大产品质量和售后服务，做出过分承诺，然而随着消费者对产品和服务的深入了解，他们会发现广告与实际情况存在差距，从而失去信任。这类广告通常有一个共同特点：压低价格，吸引消费者。一些消费者容易受到虚假宣传的影响，造成损失。由于损失较小，他们可能认为只是买个教训，这种心态助长了虚假宣传的蔓延。

在实际生活中，由于一些消费者爱贪小便宜，这种虚假宣传屡试不爽。南京市消费者协会在2010年曾发出警告，提醒消费者购买电脑等产品时要警惕商家的宣传。他们指出，在节日促销中，商家通常通过多种方式降价，但消费者购买后可能面临质量问题，比如液晶显示屏出现故障、配件质量差等。这类广告常常存在夸大宣传和虚假宣传问题，广告中宣称产品具有“顶级配置”和“正版操作系统”等，但实际产品却与广告宣传的不符。此外，售后服务问题也较为突出，维修处理不及时、推诿责任、使用非原配件等。

根据上海市消费者权益保护委员会进行的问卷调查结果显示，上海地区的消费者对保健食品普遍持怀疑态度，对保健产品的广告信任程度较低。调查发现，2005 年，上海地区共有 2 086条违规的保健食品广告，占所有食品违法广告的 56% 以上，其中近 900 多条广告存在虚假宣传问题。此外，一些保健食品广告没有明确标注产品的适用范围和宣传批文号。保健食品广告中存在夸大和虚假宣传现象，有些广告将保健食品宣传为药物，强调治疗效果，同时宣传产品的适用范围和质量功能，做出无法实现的承诺，误导消费者。在房地产广告中，也存在一系列不诚信行为，包括价格失真、虚假距离宣传、对产权信息模糊处理等。此外，一些商品房广告没有标注开发商名称，使用虚假和夸张的效果图代替实际照片。这些行为严重违反了广告宣传的诚信原则，损害了消费者的权益。

在许多房地产广告中，我们常见到这样的宣传：“企业家与贵族的天堂”等，这类用语屡见不鲜。这些广告中，房屋已不再被视为一个居住场所，而是被视为贵族、成功人士、富人的象征。居住其中的人，被贴上了“贵族”的标签，刻意隔离出普通人和底层社会的人群。另外，信用卡广告也常采用类似的策略。在申请信用卡时，需要满足严格的要求和复杂的程序，涉及个人信息、职业、薪资等方面。因此，信用卡广告往往宣称：“拥有信用卡者，才是最有价值的人。”这种广告宣传策略通过强调富人的特殊生活和高消费习惯，创造了一种独特的身份认同。这样的宣传使富人在观念和生活方式上与普通人、贫困人群以及社会底层逐渐产生了差异，增加了他们的自豪感和优越感。然而，这种现象也加深了社会阶层之间的差距，加剧了社会不平等的现象。

3. 品位低俗，强迫传播

在产品同质化严重的市场背景下，消费者面临着商品选择的困境。在这个时候，广告犹如明灯，广告越吸睛，商品就越能吸引消费者的目光。广告可以引导消费者聚拢并进行商品购买决策。换言之，广告活动在现代市场环境下呈现出一种“一刀切”的普适性。在没有广告宣传的情况下，产品将失去消费者的关注和经销商的关心，不可避免地会被埋没在琳琅满目的商品中，甚至被淘汰出局。这种残酷的竞争现实无法回避，所有人都面临着同样的挑战。

在广告领域，仅仅做一般性的广告是远远不够的。在竞争激烈的广告海洋中，如果缺乏创新和差异化，就有可能被其他广告淹没。因此，广告行业普遍奉行着“胆大心细”的至理名言。广告主的胆识表现在他们愿意投入大量资金，这种财力也让广告公司和媒体望而生畏。这也是广告界一直存在的批评之一，即广告主对媒体的操控和对广告内容的干扰，这种强势传播地位使得低俗内容的广告频繁出现，迫使消费者被动接受。

实际上，这种低俗广告涌现的背后往往牵涉到三大主体的共同策划。从广告代理商的角度看，广告主负责发起广告活动、提供广告信息并支付费用，广告公司负责创意制作和媒体计划，而媒体则负责广告的发布。这是一个紧密相连的生态链，各方相互依存。每一则低俗广告的推出背后都有着极其复杂的背景，特别是那些显而易见的低级宣传，虽然常年被消费者评为最低级的广告，却在媒体上屡见不鲜。这其中蕴含着许多深奥的内情。

周杰伦是许多年轻人的偶像，尽管他的歌词有时难以理解，但这并不妨碍他在年轻人心中的地位。作为一位杰出的明星，他也是许多企业争相争夺的广告代言人。周杰伦曾代言过多个品牌，其中包括中国移动的“动感地带”品牌，为企业创造了巨大的价值。然而，他的代言也不乏失误。有一则广告引起了观众，尤其是他的粉丝们的极大反感：广告中，周杰伦吃着一大碗方便面，嘴角溢出汤水，结果一位美女突然出现，用手指擦拭他嘴角的汤和面，然后送进自己嘴里……这种情节实在让人难以接受。我们不禁要问：明星在这样的广告中传达了什么？企业又能得到什么？消费者吃了这样的面，会感受到幸福吗？

还有一则口香糖的广告，一个外国女人趴在一张大床上，语气温柔地说：“我需要更多，我想要……我喜欢更有劲儿一点的。”然后，一位男人的声音响起：“它满足不了你吗?”接着，画面上出现了口香糖的标志，然后是一系列的画面。这样的广告或许具有创意，但是如此低级的创意，在电视媒体上不断播放，其社会影响令人担忧。

4. 金钱作祟，明星助阵

在 21 世纪初，汤普森广告公司（Thompson）首次将明星代言人引入了力士香皂的广告中，此后明星代言人在广告领域的应用逐渐普及。在我国，明星代言人的首次出现是艺术家李默然代言的“三九胃泰”广告，之后明星代言人在各个领域的广告中频繁亮相。如今，几乎所有行业都使用明星代言广告，明星代言人带来的是巨大的知名度和关注度。利用明星的名气，将产品或事物与明星的形象相连，使得这些产品也因明星代言而获得了声誉。名声本身是具有商业价值的，每位明星的代言费用因知名度而异。从广告的角度来看，明星代言就是在售卖他们的名声。在代言广告的过程中，明星不仅获得丰厚的代言费用，还提升了个人形象的曝光率，维护了名声。观众在电视或网络广告中看到这些代言，既提高了产品的知名度，也保持了明星的声望。明星难以频繁出现在各类节目中，但通过广告代言，他们能够频繁出现在公众视线中，这种方式相当有效。总而言之，代言广告对明星来说有诸多好处。广告商、创作者和消费者也乐意为此买单。然而，现实中存在的问题要远比理论复杂。关于明星代言广告，一直以来都有诸多争议。在当今金钱至上的社会，某些明星也难以守住最初的良知，在金钱的驱使下，人们有时会做出匪夷所思的事情。有些人可能会成为虚假广告的代言人，即便无意作恶，也可能会变成助纣为虐者。值得一提的是，曾代言三鹿奶粉的明星，由于广告虚假宣传，导致其道德沦陷和声誉受损，这引起了社会的愤慨。《中华人民共和国食品安全法》的颁布，引发了媒体和组织部门对明星代言虚假广告的广泛关注，相关案例的整理结果令人震惊。

2009 年 11 月 1 日，中国广告协会公开谴责了某明星代言的十则违法广告，并明确指出这些广告违反了我国相关法律。由于这些广告发布和播放未经行政主管部门批准，当地工商局对其进行了处罚。北京电视台的一位主持人在报道此事时以嘲讽的语气讲述："一个人可能会无意间看到一个违法广告，罕见的是看到的十个广告全都是违法的。"作为当事人的某明星回应了自己的行为，称广告就是要用夸张的手法吸引消费者。他试图推卸责任，表示明星代言的目的只是引起消费者的关注，这暗指明星无须对产品质量负责。然而，名声仅仅是吸引关注的工具吗？如果是这样的话，为何不找一个臭名昭著的人来代言呢？这说明名声实际上还具有一定的信任价值。有些消费者因为明星代言而购买产品，因为他们认为没人会拿自己的名声开玩笑，名声成了一个可以信赖的凭证。尽管很多人理智地知道买贵不一定买对，但是在很多情况下，消费者还是不理智的。请明星代言通常会增加产品的成本，这些额外费用最终还是由消费者承担。除了吸引关注和获得信任的价值外，名声还具有榜样和参考的作用，当明星这个榜样走上不正当的道路时，对社会以及那些信任他的人产生的影响是无法估量的。这种情况下，人们可能会失去对名人的信任，同时也会对整个社会价值观产生负面影响。

5. 模棱两可，偷梁换柱

上述的广告宣传方式采用了一些隐秘的手段，使消费者在购买产品或服务时受到误导或欺骗，这些情况基本上都发生在广告主比较强势的状态下，也是广告主广告伦理缺失的表现。这里所说的情况有些不一样，可以说是用了一些偷换概念的手段。如在一些企业的促销广告中，用一些文字游戏或者数字游戏的方式："买一送二"中的"一"和"二"之间存在明显的区别和不同层次的含义，买一件皮衣，送一盒皮革光亮剂和一个刷子；"一元买家电"，苏宁电器总裁孙为民曾在接受记者采访时不经意自揭内幕，家电卖场排队抢购一元家电特价机，但往往都被厂家买走了，这仅仅是把消费者吸引来商场的一个噱头；“买 299 返 180 券”，这 299 元付的是现金，而返的 180 元券是受到很多使用限制的，更何况许多厂商在进行“让利促销”时已悄悄把价格上调了。诸如此类的活动，消费者单从文字和数字上很难真正了解到活动的具体情况。尤其在这时，商家会明确地在促销广告中标注“所有条款由商场具体解释”，这样，商家在具体执行中就会保留有很大的灵活机动的空间，可以以有利于自身的理由来进行解释以维护自身的利益，而消费者的权益则难以得到保障。曾经还有这样一则房地产广告，称凡购房者只要付上 5 万元，即可住进“二室一厅”。面对如此的“优惠”，不少消费者开始心动。但是当消费者与房产商进行详细沟通后才发现，原本的 5 万元是先付 5 万元，隔一周再付 5 万元，一个月后再付 5 万元，支付完 15 万元后，便可享有按揭贷款。而且这种“优惠”还仅限于购买一种房型、一个楼层、一种朝向，楼层还是人们习惯中不太愿意的 13 层，朝向是令人皱眉的北面。

不少广告主在广告中使用消费者、患者的名义和形象向受众介绍、推荐商品，但是这些所谓的消费者和患者，甚至所谓专家，往往并不是真正的当事人，而是被企业用来诱惑消费者的“模特”和“道具”，这种所谓的以“现身说法”来吸引消费者的现象在保健食品、药品和医疗广告中尤为突出。比如“好记星”的案例，在上海、成都、宁波、无锡等地媒体刊登的“好记星单词王”新产品广告中，内容是在不同的城市都有“17 687 名家长为孩子英语学习欢呼”，而事后被某媒体证实，该广告是以同样面孔和姓名的一些人的现身说法，不断变换着他们的籍贯和身份。消费者也发现，实际的产品与广告宣传出入甚大，在该广告中除了请一些明星作为主角外，还随意杜撰出一些消费者进行“跟踪报道”，有专家点评、综合评价等。事实证明，这些消费者和专家大多是假的。

（二）广告平台的责任

1. 广告平台伦理缺失产生的原因

（1）在营利目的的刺激下，过分追逐功利

在商业利益的驱使下，一些企业不惜采取过分夸大和蛊惑性的手法来刺激消费者的购买欲望。他们常常在广告中运用引人入胜的音乐和画面，制造夸张的购物场景，鼓励超前和过度消费，使人陷入功利的诱惑。有些广告甚至故意夸大产品功效，而一些企业则借助虚假宣传和各种欺骗手段，以追求更高的利润。这种过度追逐功利的现象不仅误导了消费者，也扭曲了市场竞争环境，损害了消费者的权益，严重影响了市场的健康发展。因此，需要建立更为严格的广告监管机制，打击虚假广告，保护消费者权益，维护市场秩序，确保广告传播的真实性和诚信度。

（2）广告人伦理意识淡薄

在经济全球化浪潮的席卷下，广告行业面临着前所未有的挑战和机遇。在这一过程中，广告行业显露出一个明显的问题：广告从业者的伦理意识相对淡薄。这一现象的根源在于广告专业教育长期以来存在的误区。广告教育过于偏重于技能培养，而忽视了道德和伦理素养的培养，导致了广告从业者在职业操守和专业技能之间的不平衡。

此外，用人单位在招聘广告人才时也存在问题。很多公司更注重业务技能而忽视了应聘者的道德修养。这种现象加剧了广告伦理失范的风险。伦理问题的忽视不仅影响了广告行业的声誉，也损害了消费者的权益，甚至扭曲了市场竞争环境。要解决这一问题，需要广告行业全面调整教育体系，加强伦理意识的培养。用人单位应当更加注重应聘者的道德修养，将伦理意识纳入招聘标准中。同时，行业协会和监管部门也应当加大力度，加强对广告从业者的伦理教育和监督，确保广告行业健康有序发展，维护市场的公平和透明。

（3）广告行业相关法律制度和内部运营制度不成熟

我国当前正处于快速发展和深刻变革的时期。在这个过程中，新的社会伦理观念和价值观念不断涌现，社会伦理观念呈现出多元化和复杂化的特征，各种观念和价值体系相互交织，形成了丰富多样的道德观。与此同时，我国的法律制度正在逐步完善，但仍存在一些漏洞，导致法律法规与实际社会发展需求之间的不协调。因此，我们面临着承担在新时代背景下建立更为统一、现代化和多元化的伦理体系的重任。

在社会变革的大背景下，人们的价值观和道德观也在发生深刻的变化。传统的伦理观念逐渐与现代社会的多元化需求和文化多样性产生碰撞，呈现出多层次、多元化的特征。这种多元化并非是对传统伦理观念的摒弃，而是在尊重传统的基础上，充分认识到社会多样性的重要性，以及个体在多元文化环境中自由选择的权利。

在法律法规方面，我们需要进一步健全现有的法律框架，以适应社会伦理观念和价值观念的多元化发展。这包括对现行法律法规的及时修订和完善，以及制定新的法律法规来覆盖新兴领域的问题。同时，我们还需加强法律宣传和教育，提高公众的法律意识，使每个公民都能够理解、尊重并遵守法律法规，形成良好的法治社会氛围。面对社会发展和伦理观念多元化的挑战，我们需要在尊重传统文化的基础上，推动伦理观念的现代化和多元化发展。在法律法规的引导下，构建一个既有序又自由、既统一又多元的伦理体系，为社会的和谐发展提供坚实的法治基础。

（4）监督相对缺失

监督机制主要可以分为两类，即媒体大众舆论监督和个体监督。媒体在现代社会拥有广泛的传播资源和技术手段，应当充分发挥其作用，向公众传播具有高价值的信息，引发外部舆论压力，从而促使广告行业严格遵守广告伦理道德准则。媒体的监督作用不可忽视，因为缺乏有力的媒体大众舆论监督是导致监管力度不够的主要原因之一。

消费者在市场中的地位逐渐提高，但仍然存在主体意识不强、自身权益保护意识不足的现象。这种情况可能导致消费者在广告信息传递和产品购买过程中容易受到误导或欺诈。因此，加强对消费者的教育，提高消费者消费主体地位的认知，使他们更加自觉地行使监督权利，成为广告伦理的守护者，是非常必要的。政府和社会组织也应当加强监督机制的建设，政府可以通过制定更加严格的法律法规，加大对广告行业的监管力度，确保广告内容的真实性和合法性。社会组织可以发挥监督作用，帮助消费者维护自身权益，同时鼓励媒体进行更加深入的调查和报道，揭示不良商业行为，推动形成更加健康的广告环境。有效的监督机制需要媒体、消费者、政府和社会组织共同参与，形成合力，发挥广告伦理的作用，保障消费者的权益。

2. 关于防止广告平台伦理失范的建议

（1）严格遵守相关广告法规

《中华人民共和国广告法》是一部为规范广告市场、维护消费者权益制定的国家法规。2014 年《中华人民共和国广告法（修订草案）》对涉及药、医、烟、酒广告和广告代言人进行严格地规范。明星再也不能说一句“不知道”就轻松推卸掉所有的代言责任。

《中华人民共和国消费者权益保护法》是另外一部防止广告伦理失范的重要法律。2014 年 3 月 15 日，由全国人民代表大会常务委员会修订的《中华人民共和国消费者权益保护法》正式实施。针对虚假广告充斥电视节目、明星代言产品质量参差不齐等损害消费者权益的情况，《中华人民共和国消费者权益保护法》做出了相应的规定。这些新的政策法案体现了政府对广告行业和消费者权益的高度关切，也为广告从业者提供了更加清晰的行业规范和底线。随着这些法规的实施，相信广告市场将变得更加规范，消费者的合法权益也将得到更好的保障。

（2）加强平台自律

广告平台的自律是指广告从业者通过制定章程、准则、规范等自主管理体系，对自身行为进行自我约束，以确保其活动符合国家法律、社会道德和职业道德的要求。这种自我约束的核心在于遵守各种法律法规，构建了一种自我限制的机制。这种自律机制不仅仅是对自身行为的规范，也是广告行业自身对社会负责、尊重法规、维护公共利益的表现。

广告平台的自律体系承担着多重职责。首先，它作为一个行业内部的规范体系，帮助广告从业者更好地理解和遵守法律法规，确保广告内容和传播活动符合法定标准。其次，这种自律机制也是一种自我审查和管理，帮助广告行业内部发现和纠正不当行为，从而提升整个行业的规范水平。这种自我约束也具有社会监督的作用，促使广告行业更加透明和公正地运作。

这种自律体系的建立和维护需要广告从业者共同努力，通过定期修订规范、加强内部培训、建立投诉处理机制等方式，不断提升广告行业的自律水平。这种自律不仅有助于维护广告行业的声誉，也为广告行业在市场竞争中赢得信任，促使广告传播更好地为社会、企业和消费者服务。

（3）健全媒体监督体系

目前，我国关于假冒伪劣产品和虚假广告的舆论监督机制建设日趋完善。电视媒体，比如中央电视台每年的“3·15”晚会，以及部分省级卫视和地面频道的民生栏目设立的打假板块。在2015年中央电视台“3·15”晚会现场设立的12315现场热线和微信共收到来自全国各地的消费者的投诉举报计11 148件，投诉举报涵盖各个消费领域，涉及多个行政执法部门职责。网上由网友自发爆料和曝光的虚假广告事件也屡见不鲜，这样就形成了一个多层次、多渠道的社会监督体制。

（三）广告受众的权利

消费者虽然不是广告活动的发起者，但却是广告活动的主要受众，也是广告效果的评判者。广告引导的消费行为通常是个人行为，基于自由选择的原则，建立在平等、自愿和自主的基础上。这意味着消费者可以根据个人的经济状况、性格特点和生活习惯做出购买决策。

然而，个人的消费行为在社会环境中发生，个体选择的自由也伴随着相应的社会责任。消费者的社会责任是企业履行社会责任的重要外部监督力量。在广告消费过程中，消费者是广告信息的购买者，同时也是失范广告行为的最终受害者。消费者的沉默意味着放弃了社会责任，而这往往也是不良商业行为得以持续的原因。当消费者大声抗议恶俗广告在各大媒体上频繁出现时，却未能真正认识到，正是因为他们对虚假广告和恶俗广告的纵容，这种恶行才得以屡禁不止。

随着科学技术的不断进步，新的媒体形式层出不穷，广告的展示平台大大扩展。在这个日益发展的舞台上，责任的概念变得尤为重要。前面我们已经讨论了广告活动中的各大行为主体，其中包括广告代言人，并强调了广告代言人在广告行为中承担的社会责任。在这个发展迅猛的广告舞台上，还有另一个关键参与者——被视为广告活动中心的消费者。消费者是广告活动的目标对象，是广告信息的接收者和广告商品的购买者，同时也是不法广告行为的受害者。因此，消费者在广告活动中不是边缘角色，而是积极的参与者，对广告活动的进行起着有效监督的作用，承担着重要的社会责任。

1. 消费者的权益保护

消费者权益是合法和正当权利，在法律体系下应得到充分的保护。在当代社会，保护消费者权益的立法始于 19 世纪末 20 世纪初，当时全球范围内的消费者活动相呼应。这种立法形式与一个国家的社会发展程度和法治建设程度密切相关，被视为社会进步和法制建设完善程度的关键指标。保护消费者权益的立法通常独立于民商法体系之外专门制定，旨在逐步确立对消费者权益的特别保护。

随着市场经济的快速发展，消费者权益问题变得日益突出，引发了广泛的关注。西方资本主义国家政府深刻认识到这个问题的严峻性，选择了维护消费者权益的道路。他们通过修订已有的民商法，改进与社会实践相关的法规，实施更符合国家干预经济的措施，制定了多层次的行政管理标准，加强了对消费范围的管理。在我国，消费者权益保护立法体系由全国人民代表大会常务委员会、国务院和地方立法三个层次构成。这三个层次的法律、法规、规章相互配合，形成了完整的消费者权益保护立法体系。我国现行的消费者权益保护法律体系主要包括《中华人民共和国消费者权益保护法》《中华人民共和国反不正当竞争法》《中华人民共和国产品质量法》《中华人民共和国食品安全法》《中华人民共和国药品管理法》《中华人民共和国标准化法》《中华人民共和国计量法》等法律文本。此外，还有分散在民事、商事、行政、刑事等法律法规中的相关规定或条款，构成了广义上的消费者权益保护法律框架。

1994 年 1 月 1 日施行的《中华人民共和国消费者权益保护法》是我国最权威的消费者权益保护法律文本，其中规定了消费者的九项权利。这些权利包括安全权、知情权、选择权、公平交易权、求偿权、结社权、知悉权、尊重权和监督权等。在实际实施中，我国特别强调保护消费者的选择权、公平交易权、安全权、知情权、求偿权和尊重权。这种保护体系充分体现了我国政府对消费者权益的高度重视，是全社会的共同责任。消费者有责任依法维护自身权益，这是不可推卸的责任。

消费者群体庞大且多样化，其消费行为和动机各异。在购买过程中，消费者通常处于信息不对称的弱势地位，容易受到虚假信息的误导，导致其权益受到侵害。《中华人民共和国消费者权益保护法》第一章第四条明确规定："经营者与消费者进行交易，应当遵循自愿、平等、公平、诚实信用的原则。"第五条规定："国家采取措施，保障消费者依法行使权利，维护消费者的合法权益。"第六条则提出："国家鼓励、支持一切组织和个人对损害消费者合法权益的行为进行社会监督。"在这一背景下，大众传播媒体扮演着关键角色，应该积极维护消费者的合法权益，对侵害消费者权益的行为进行舆论监督。

这种信息传递需要符合专业标准，确保传达的信息准确、权威、客观。媒体在维护消费者权益方面应该深入调查，揭示真相，针对侵害消费者权益的行为进行曝光。同时，媒体还应该倡导公平交易、信誉至上的商业道德，引导市场经济秩序的健康发展。通过这种专业、准确的舆论监督，可以更好地保障消费者权益，维护市场公平竞争的环境，促进社会和谐发展。

2. 消费者的社会责任

（1）消费者社会责任的内涵

消费者社会责任包含广义和狭义两个层面。在广义范畴中，消费者社会责任意味着在购买商品和接受商业服务时，消费者应该自觉地拒绝使用可能直接或间接危害社会可持续生产和消费的商品或参与有害行为，以履行对社会整体和长期利益的道义责任。这种责任涵盖了多个方面，包括保护环境、保护资源、维护社会公德等，例如消费者可以通过自身选择，抵制使用藏羚羊绒衫、高油耗汽车、塑料包装袋等可能造成公害的商品。这种行为通过市场力量，限制资源浪费和环境恶化，促进社会建设节约型社会，实现可持续发展。具体而言，消费者社会责任包括以下方面：保护环境、节约能源、保护动植物、监督企业行为并维护自身权益、支持承担社会责任的企业、抵制企业的不负责任行为、支持中小企业、倡导适度消费、鼓励购买国货。在狭义范畴中，消费者社会责任指的是在广告传播过程中消费者所扮演的角色，即他们对广告的反应和行为所带来的社会责任。一般情况下，消费者容易受外界环境的影响，尤其是由社会文化因素的影响而形成的不同文化背景和知识经验等。因此，对消费者社会责任的第一个界定主要从社会文化环境因素出发，表现为消费者维护自身权益、承担道德规范的责任。消费者维护自身权益的责任主要是指消费者善于利用《中华人民共和国消费者权益保护法》等法律来维护自身的权益；消费者承担道德规范的责任主要是指消费者在消费活动中增强道德责任意识，勇于承担起自己在社会中应当承担的道德责任，在担负起监督广告行业重任的同时，给其他消费者一定的引导，进而形成良性的广告社会责任循环。此外，消费者社会责任与消费行为之间存在一致性，例如，当一个消费者说他喜欢德国产的汽车胜过日本产的汽车时，我们可以预测下次他到市场上买一辆新车时，更可能买一辆德国产的汽车。对消费者社会责任的第二个界定主要从消费者的消费行为出发，表现为消费者科学消费的行为和主动参与的行为。菲利普·科特勒曾将人类的消费活动划分为质的消费时段、量的消费时段以及感性消费时段。这种发展走势受到社会经济发展和消费者需求的影响。在当今时代，科学消费成为更为理智和合理的消费选择。科学消费强调消费者应该基于理智态度，不被情感和象征性消费所左右。消费者在广告行动中的角色是主动的，需要积极配合广告从业人员的工作，自觉地投入广告行动中，主动选择广告信息，并辨别信息的真实性和影响。

这种消费者社会责任的讨论主要聚焦在狭义的社会责任范围内。可以看出，消费者社会责任是社会经济发展到一定程度的产物，是人们在基本需求得到满足后对发展问题进行思考的结果。特别是在可持续发展理念的指导下，人们的消费行为机制发生了重大变化，从追求眼前利益、个体利益、具体利益转向了关注长远利益、整体利益、根本利益。

（2）消费者的角色变化

广告之所以具有魅力，是因为它能深入洞察消费者的需求。当消费者在生活中感到需要购买某种产品但对该产品了解有限时，任何信息都可能成为他们决定购买的关键因素。如果商家能够了解消费者的需求，就能有针对性地向他们传达产品的优势和利益。然而，在现实生活中，消费者常常难以确定商家提供的信息是否真实，以及产品是否符合他们的需求，这导致了消费者在信息获取方面通常处于相对弱势的地位，这一现象在经济学上被称为信息不对称。

如果消费者掌握的信息比商家更多，他们就能更明智地判断产品的优劣，商家将很难说服他们购买产品。然而，在现实情况下，消费者所了解的信息通常是有限的，而商家传递给消费者的信息则占据主导地位。鉴于市场上存在大量假冒伪劣商品，消费者在购买贵重物品时仍然面临较大的风险。因此，消费者依然非常关心产品的质量、性能、价格和售后服务等方面的问题。

在广告中，必须适当地传达产品的信息内容，以建立起与消费者之间的信任。为了实现有效的广告传播，首先需要深入了解消费者，这就需要认识到在广告传播中消费者的角色发生了变化，这种变化主要体现在以下三个方面：

1）消费者对自身认知的变化

广告心理学的研究使广告主对消费者有了全新的认识。随着时代的进步和广告行业的发展，消费者对自身也有了新的认知。广告的主要目标是促使产品销售，这就要求广告能够影响消费者的心理，因为只有在受到广告影响后，消费者才可能采取购买行动。广告通过传达特定信息来引导消费者的思想、情感和行为变化。为了使广告的传达更具针对性，就需要深入了解消费者的需求、动机以及影响他们购买和消费的因素。

在广告诉求过程中，除了研究“说什么”外，还需要关注“如何说”。人们受外界事物影响的过程始于对外界事物的认知，广告对消费者的影响也从消费者对广告的认知开始。消费者对广告的看法、意见、态度以及对待广告的方式随着时代的变迁和广告业的演变也发生了变化。随着消费者对广告了解的增加，他们不再被动地接受信息，而是积极地关注和选择自己感兴趣的信息。消费者对自身的定位也从以前的消极被动转变为现在的积极主动。与此同时，广告的创意策略也不再以广告主为中心，而是站在消费者的角度，将消费者置于核心地位。

2）广告行业对消费者认知的变化

无论广告的种类多么繁多，它始终是一种特殊的商品，其主要目的就是引导人们购买，广告的核心特点就是促使消费者购买产品或服务，这种引导购买的性质是广告的基本要素之一。广告直接服务于社会，广告的实质是宣传和鼓励人们充分享受社会提供的物质条件和精神产品，强调消费活动的社会意义以及带来的快乐和幸福。举例来说，中国移动的 M-ZONE 广告系列“我的地盘听我的”便是一个成功的案例，它准确地捕捉到年轻人注重自我表达的特质，并为这一年龄群体的消费提供了多样化的服务，从而赢得了年轻一代的喜爱。

广告通过现实利益交换来实现其目标，其产生和发展依赖于平等的现实消费关系。广告活动的主要动机是实现现实生活中价值交换的平等性。为了获得必要的经济利益，广告的发展离不开经济行为的平等交换。在广告活动中，广告商和广告公司都有明确的盈利目标，因此他们不会忽视消费者的消费特性，无论条件如何。

3）消费者社会责任的特征

在市场体系中，消费者的责任并不是单一的，它是由国家、企业和消费者共同构成的。国家的责任在于避免市场失衡并进行宏观调控；企业的责任则是在产生收益的同时，应该对工作人员、消费者和社会环境负责；消费者的责任表现在消费者是市场体系中的优化因素，通过消费者、国家和企业之间的互动，实现了社会经济的正常运行，在这个过程中，消费者的责任包括消极责任和道义责任。

首先，消费者的社会责任具有消极责任的特征。这种责任指的是消费者有能力承担自身行为可能带来的后果，包括因个人错误行为导致的伤害。在这种责任中，正面影响的责任是指履行道德范围内所支持的义务，即自觉履行社会职责的使命；与之相反，负面影响的责任是指强制性要求某人承担并非自身应负的义务，主要是为了避免受到惩罚。在广告宣传中，消费者虽然是被动接受信息的一方，但也需要对广告的真实性和合法性进行监督，以保护自身权益，这构成了其消极责任。

其次，消费者的社会责任体现为道义责任。这种责任不仅仅是消费者的权益，更是一种主动阻止对社会造成损害的道德职责。消费者在市场中应该担负起主动监督的责任，防范不良广告宣传，保护自身权益和社会长远利益。尽管这种责任并非法律强制的，但通过加强立法、执法监督，社会职责逐渐转化为法定职责。在特殊情况下，也可以采取强制措施，例如在公共场所禁止某些行为，以维护社会秩序。

消费者的社会责任涉及个体和群体、现在和未来、个体和全社会三个方面的关系。消费者需要在个人行为中充分考虑社会整体利益，通过自觉履行社会职责，共同维护一个健康、公正的市场环境。这种社会责任的实践不仅在于法律的约束，更在于道德和自觉的层面，是消费者在市场体系中积极参与、推动社会进步的体现。

## 三、伦理风险防范

本研究主要从法律规范和广告行业自律两方面提出生成式人工智能应用于广告内容生产的伦理风险防范应对建议。

在法律规范方面，2022 年 12 月，由国家互联网信息办公室等三部门发布的《互联网信息服务深度合成管理规定》第四条指出："提供深度合成服务，应当遵守法律法规，尊重社会公德和伦理道德，坚持正确政治方向、舆论导向、价值取向，促进深度合成服务向上向善。"该规定是我国首个专门针对深度合成人工智能治理的法规，明确了深度合成技术的定义、应用范围、各方责任、数据和技术管理要求，以及行业的伦理与自律规范。考虑到深度合成技术应用于广告内容可能带来的法律风险，例如虚假广告、不良价值观导向广告、歧视广告、低俗广告、侵权广告等，亟须广告领域专门立法以加强监管。

在平台与广告行业自律方面，国家新一代人工智能治理专业委员会发布的《新一代人工智能伦理规范》提出了增进人类福祉、促进公平公正、保护隐私安全、确保可控可信、强化责任担当、提升伦理素养等六项基本伦理要求。生成式人工智能的服务提供商与技术支持者应该加强科技伦理素养和责任意识，构建安全合规的数据收集与处理系统，并完善公正的算法与模型管理机制，以防范技术发展应用过程中可能出现的各项风险。

在当前的广告创意领域，我们正目睹一种全新的发展趋势，即从以人类智慧为主、机器智能为辅的模式，转向人机协作的深度合成生产模式。在这种新趋势下，广告传播机构、从业者和创作者在运用生成式人工智能进行广告内容生产时，需要保持创作主体的身份，确保自身在创意创作中具有决策权。通过深度学习训练，机器可以解放广告内容生产中那些重复低效、复杂的任务，这样人类创作者就能够真正专注于解决那些人类擅长的问题，比如清晰的创作意图、强烈的情感体验能力与共情力、丰富的想象力、商业性与艺术性的平衡等。

这种趋势代表着广告行业的进步，即人工智能技术的崛起不是要替代人类创作者，而是要与人类共同合作，提高广告创意的质量和效率。机器智能可以处理大规模的数据和重复性工作，而人类则能够贡献创意的独特性和情感的深度。通过这种协作，广告创作可以更加出色且富有创意，同时也能更好地满足受众的需求，实现广告传播的最佳效果。这种合作模式使得广告创意不再受技术的局限，而能够充分发挥人类创作者的想象力和创造力，推动广告行业走向更加多样化和创新化的未来。

# 第四章　人工智能驱动下的广告变革趋势

## 第一节　数据驱动的广告投放

随着互联网的普及与发展，信息技术的不断革新，我们正迎来大数据时代。这一时代正在重新塑造和改变广告产业的生态系统，对广告产业产生深远的影响，在这一背景下，广告产业在文化理论、设计理念以及传播媒介方面都将发生突破性的变革，广告所传达的信息也将发生巨大的演变。在今天科技创新的驱动下，为广告产业提供了有效的传播策略，为广告信息的精准投放提供了全新的机会。

### 一、大数据时代广告精准投放的传播理念

（一）基于网络交流平台的广告宣传

随着信息技术和智能手机的迅速发展，在信息技术赋能下的智能手机已经成为人们生活和工作中不可缺少的工具。仅在密码解锁功能上，就从原来的按键锁、密码锁、手势输入发展到现在的通过刷脸进行解锁，其发展速度不容小觑。这些技术在人们的日常生活中扮演着重要角色，为人们日常用餐、出行、转账、沟通和发布信息等提供了很大的帮助。这些技术也改变了数据的处理方式，更全面地将网络广告与人们的生活联系起来，使人们能够更加便捷地进行交流和互动。这也导致了一系列社会变革和反应。

在互联网时代，不断扩大的广告宣传促成了一体化的传播理念，消费者对消费方式、消费习惯的选择形成了有针对性的广告目标，微信等社交媒体平台上出现的广告信息异常复杂，需求者在选择和辨别广告方面也有了更多的参考。这一发展趋

势表明，信息科技的不断进步正在塑造我们的生活方式，并对广告产业产生深远的影响。消费者在广告中的角色和需求也在不断演变，要求广告行业不断创新，更加适应这个不断变化的环境。

（二）以需求者为中心的广告理念

在传统的广告产业中，通常将广告宣传的着重点放在适应媒体平台和服务于媒体经济效益上，而消费者往往被视为次要因素。然而，在大数据时代，为了确保广告的精准投放和宣传效益的最大化，我们需要从根本上改变这种观点，更加重视人作为广告传播的主体。

广告通过基于数据的播放和精准投放，不仅提高了广告的触达率，反映了社会的真实性，还会使每个广告都有机会深深地触动受众的情感。这不仅有助于广告信息的充分传递，还刺激了消费需求，从而大大减少了广告投资的浪费。这一新方法突显了人在广告创作和传播中的核心地位，强调了情感和共鸣在广告成功中的关键作用。通过更加人性化和精准的广告宣传，可以更好地满足消费者的需求，实现广告宣传的最大价值。这种转变不仅有助于广告行业的发展，也为消费者带来更具吸引力和更具价值的广告体验。

（三）科技推动创新

创意在传统广告行业中扮演着关键角色，其地位和作用不可忽视，通过创新产品理念、注重经济价值和增强实用性等方式，创意能够塑造消费者对于特定消费观念的认知。在网络科技高度发达的今天，消费者作为广告行业的核心，扮演着推动经济增长和提高产品收益的关键角色。消费者能够明确他们的购买需求，并借助网络技术的帮助，将这些需求传达给广告主，使得广告能够更准确地投放。这种互动使广告更加符合消费者的需求，让消费者更深入地了解产品，从而提高广告传播的效益。

总的来说，创意仍然是广告的关键元素，但在网络科技高度发达的今天，广告与数据的结合变得至关重要。这种结合使广告更加个性化和精准化，从而更好地满足消费者的需求，推动经济的增长。广告行业也需要不断探索，以适应不断变化的环境，并确保广告发挥最大的潜力。

## 二、大数据时代广告精准投放实现的策略

### （一）清楚地掌控消费群体

传统广告产业存在着模糊的产业目标，导致广告投资商只能进行粗略的预估和传播，难以做出准确的决策和市场计划，从而面临着广告宣传方面的高风险和广告资源的严重浪费。然而，在大数据和网络科技发展的潮流中，人们可以利用在社交媒体和网络平台上收集到的数据，使广告能够提供更优质的服务。这些数据可以让广告更具针对性，因为它们反映了人们的生活方式和消费水平的变化。

广告在今天大数据和网络科技发展的时代背景下具有不可替代的重要功能。相较于过去，消费者对广告传播和数据收集有了更深刻的理解，他们不再模糊地选择产品，而是能够更准确地估算产品在广告中的真实价值。这进一步提高了消费者对广告真实性的期望值，既在群体层面也在个体层面上。

综上所述，大数据和网络科技的发展为广告带来了更多的机遇和挑战。通过充分利用这些技术，广告能够更好地满足消费者的需求，从而提高广告的有效性，并降低广告投资的风险。

### （二）开发和探索标准化的社会团体

根据长时间对大数据的收集、分类、分析和讨论，我们发现广告不仅仅是宣传的工具，在其他领域也能发挥特殊的社会组织价值。人们的生活习惯和价值观存在差异，这些差异在大数据时代得到了更全面的反映，营销观念也随之多样化，让人们更容易接受不同的经营方式和消费理念。

与此同时，由于人们的生活习惯和价值观存在差异，因此在需求选择和消费理念方面也存在差异。通过对大数据的研究和对数据报告的分析，我们可以了解到人们对市场的需求已经达到一定的标准。因此，广告商需要争取让消费者相信他们的

宣传内容是真实的。以亚马逊网站为例，该网站的商品售出比率超过了50%，尽管面对相同的消费者群体，但仍然可以发现不同的商品价值观。消费者在互联网上接触到不同的商品和广告后，他们的购买意愿增强，从而提高了网站的收益。

总之，大数据在广告和市场营销中具有重要作用，不仅帮助广告商更好地理解和满足消费者的需求，还推动了消费者对多样化产品和服务的接受。这为广告行业带来了新的机遇和挑战，需要不断适应和创新。

（三）掌握广告宣传的标准流程

在大数据技术的支持下，广告宣传变得强大而高效。标准化的广告模式能够提供稳定的服务质量，能够更精准地满足不同人群的需求。通过深入了解广告在各种场景中的传播特点，我们可以实现更规范、更精确的广告宣传模式。这同时也改善了整个广告行业的产业格局，提高了信息传播效果，提供更具个性化的广告服务。

在大数据时代，我们可以更精准地投放广告，更方便地传播广告信息，更进一步形成了广告的多样性，提升了广告的整体效果。如果要把这种广告策略用在日常生活中，就需要了解每个步骤的细节，明确广告的核心目标是什么，以及我们应该根据什么样的数据来了解人们的生活方式和需求。我们可以使用大量的用户数据，将消费者放在广告宣传的中心地位，从而成功实施大数据条件下的广告任务。简单来说，这意味着广告可以更准确地找到目标受众，并更有效地传达信息。

## 第二节　智能化的广告创意

在数字与网络传播方面，广告经历了三次重大演进：第一次是数字化，它第一次全面地改变了广告的生存形态和传播方式，广告业在互联网的大潮下发生了巨大的变化。第二次是数据化，主要是在大数据的背景之下，广告的传播与运作第一次变得精准，其科学性得到极大提升。从严格意义上讲，前两次演变并未对广告的内容生产与管理带来根本性冲击，而接下来的第三次是智能化，在人工智能的驱动下，广告的生产方式尤其是广告内容的生产与管理发生了颠覆性的变革。

互联网上海量数据的产生与积聚，以及大数据计算能力的极大提高，是广告内容生产与管理发生变革的背景和前提，很显然，广告的变革必然会促使广告运作变得更加有序，效率得到极大提升。目前，围绕人工智能与广告变革的研究主要集中在需求侧一端，即大多数研究文献重点关注人工智能在消费者分析、媒体策略、媒体投放和效果监测等方面；而对于供求端，如广告创意、广告内容生产与管理等方面的研究尚少。比如，有的研究从宏观层面指出广告将实现创意制作的智能化，并提示要重点关注广告管理技术和程序化创意技术；有的研究从内容营销的视角出发，指出内容营销智能化的路径；有的研究则以原生广告为重心，考察智能营销的程序化创意以及批量化生产的特点。总的来说，这些研究都具有较强的学术性和前瞻性，然而也存在美中不足的地方，那就是研究还显零散，对于供给端的研究尚少。鉴于广告内容生产与管理在人工智能时代将首次发生急剧变革，对其进行系统的研究无疑具有重要的现实意义。

## 一、广告创意生产的变革

人工智能影响下的广告变革，主要发生在广告的内容方面，主要包括广告表现和广告创意两个方面，前者是显性的生产内容，后者是隐形的生产内容。下面简要讲述广告创意生产的变革。

### （一）广告创意生产主体改变

过去的传统媒体，广告创意的完成者基本上是有组织的广告创意公司或单独的个体广告创意人员，最具代表性的就是 20 世纪上半叶，该时期出现了非常多的广告创意公司，或者广告创意大师。但 20 世纪五六十年代以后，传播和营销的环境发生了改变，导致广告理论和实践的重点放在了创意上，广告公司发展的关键力量也变成了创意，所以广告创意人员更受公司的器重，同时广告创意人才的培养也逐渐走向专业化。在网络媒体阶段，用户可以分享、提供、参加广告创意，这也形成了广告创意生产的另一种途径，广告创意因此增加了大众化元素，但广告创意生产的根本仍然是广告人。人脑的思维决策、逻辑推理、感知等能力，可以被人工智能模拟，该技术会改变劳动的本质，即能完美替代直接生产过程中的脑力劳动和体力劳动，还能明显降低生产组织工作的强度和难度。在人工智能阶段，广告创意生产的主体可能会改变。

总而言之，广告创意的生产主体会发生改变，过去广告创意生产的核心是广告创意人员，但现在的创意生产模式是“三者合一”，即广告创意人员、人工智能、人工智能自主创意生产。就人工智能自主创意生产而言，创意人员的主导地位被智能机器取代，智能机器完成广告创意生产的核心过程，其基本路径是智能机器根据事先提供的素材自行生成新的内容。2017年，日本麦肯广告公司展示了人工智能机器人 AI-CDβ，该机器人承担的就是创意总监的职责。对人工智能机器人来说，“创意”工作分为三步：分析客户需求，根据需求提取配对的视频元素，最后组合元素。人工智能机器人 AI-CDβ 在为某个口香糖品牌创作的电视广告实验中，为了表达“清新”的品牌理念，创造了一个狗头人身的上班族形象，它在吃了口香糖之后飞上了天。该创意经过网络投票，虽然惜败于人类创意总监，但已经很具有新意了。

就人工智能与广告创意人员协同创意生产而言，二者在创意生产中扮演分工协作的角色，一起共同完成创意。一般而言，人工智能主要发挥素材收集、分类和整合的作用，“在创意的产生阶段，人工智能能够帮助创意思考者和策略人从不同的角度思考问题。”而广告创意人员则根据人工智能提供的数据和内容进行创意。当广告作品生产完成之后，人工智能又可对作品进行进一步检测与筛选，最后高效地分发至不同平台。二者相互合作的好处是可以极大地提高广告创意生产的质量和效率。

如美国的人工智能写作系统“Automated Insights”不仅在新闻领域而且在企业也被经常使用，其基本工作路径是通过“自然语言生成”技术自动收集与营销主题相关的信息，并根据一定规则从中选取有用的成分，然后形成一个基础方案，最后企业在此基础上进行修改与完善，二者协调工作，保证广告的创意质量和节省时间成本。

（二）广告创意生产对象改变

广告创意生产已经从以前主要依赖少量资料的设计创意转变为以大规模数据为基础的创意生产过程。在过去，广告创意的制作通常依赖于市场调查，包括产品信息、企业资料、服务资料、消费者数据和竞争对手信息等。然而，这些调查受到调查方法、空间限制、数据存储需求、时间和精力等多种因素的制约，因此存在一定的局限性。即使在互联网高度发达的时代，广告创意的制作仍然受到数据的限制，因为人类大脑无法同时处理和分析大量的数据。

相比之下，在人工智能时代，广告创意的制作对象通常是从互联网平台搜集的大规模数据。这些数据不仅数量巨大，而且涵盖了多种形式，包括文本、音频、图像、视频等，还包括结构化、半结构化和非结构化数据，甚至是实时更新的数据。与以往仅依赖人工经验的创意相比，最大的不同之处在于能够支持数据验证。

在人工智能时代，广告创意数据的收集方式通常分为两种类型，分别是直接型数据和间接型数据。直接型数据是指与广告活动相关的数据，包括历史数据和实时数据，例如用户的属性信息和实时社交或购买行为数据。这些数据经过整合和分析后用于生成广告创意。间接型数据则是事先收集、筛选和存储在数据库中的大量数据，通常更具针对性。在广告创意制作中，间接型数据也是常用的数据类型。例如，阿里巴巴在2008年推出的“人工智能文案”可以在一秒内生成20 000条文案。需要注意的是，尽管“人工智能文案”可以模仿人类书写文案，但它仍依赖于大量的练习数据。

需要特别关注的是，在广告创意制作的整体过程中，广告创意的制作对象发生了显著变化。广告创意制作涉及广告创意的制作者、制作方式和制作对象三个方面。当广告创意的制作对象发生变化时，需要对广告创意的制作者、制作方式进行相应的调整。

（三）广告创意生产方式改变

人工智能时代，广告创意生产方式的改变主要体现在以下几个方面。

1. 广告创意生产的手段由经验积累转变为机器学习

传统的广告创意制作与广告创意工作者的创新技能密切相关。这些技能包括天生的才能和后天积累的经验。积累经验的方式通常包括分析市场上成功和失败的广告案例，然后进行总结和学习。换句话说，广告创意水平的决定因素之一是广告创意人员的知识储备和行业经验，提高广告创意水平的关键是提高广告创意人员的创新技能。

机器学习是一种基于大量输入数据，并根据特定算法进行分析以进行预测或得出结论的技术。深度学习是机器学习的前沿领域，它模仿了人类大脑神经网络的工作方式，使机器能够自主学习、思考和评判，而无须人的指令。利用机器学习技术，尤其是深度学习技术，可以创造出极具独特性的广告创意产品，从而提高广告创意制作的能力。

例如，一个名为 Expedia 的在线旅行社拥有大量酒店照片，数据科研团队利用亚马逊开发的系统，自动对照片进行排序以展示最具吸引力的照片，从而增加酒店被选择的机会。该系统首先在大规模的照片数据集上进行实验，选出最吸引人的照片，并根据旅行者的不同偏好进行展示。这个系统在一天内可以评估数百万张照片。这个实践结果表明，机器学习系统可以在广告创意制作中发挥重要作用。

2. 广告创意生产的本质由人脑思维转变为智能算法与人脑思维相结合

常规的广告创意方法大致包括垂直思考法、水平思考法、头脑风暴法等，这些方法要么依靠逻辑推理，要么依靠发散思维和形象思维，或者几种思维相结合，但本质上都属于人脑的思维意识活动。人工智能的核心机制是算法。算法是解决方案准确而完整的描述，是一系列解决问题的清晰指令，能对一定规范的输入，在有限时间内获得所要求的输出。人工智能时代，可以将创意元素的分解与重组工作交给智能算法，而对于创新思维与艺术审美要求较高的任务则由人脑来完成，这可以极大地减轻脑力负担。以平面广告为例，一个最终确定的广告作品事先往往需要经过大量的尺寸调适、排版调整和格式修改等重复性劳动，设计师的创意就难以得到彰显。MT 广告公司意识到这一点，开发了智能延展云平台，该平台能够基于原始创意平面作品，根据需求自动完成尺寸调整、智能排版和格式转换，海量 Media Resource 一键输出，利用人工智能实现创意的自动延展，而将创意要求较高的商业广告交由专业人员来完成。

## 二、广告作品表现的变革

广告作品表现由作品的生产和作品的制作两个部分组成。广告作品的出现是为了表达其产品内容的创意性，以文字、图像、音频、视频的形式呈现出来，实现对广告内容的显性生产。广告从开始的出现到现在的发展，一共经历了两个变革时期，即手工化阶段和机械化阶段。到了人工智能时代，广告将继续进行更新和变革。

### （一）广告设计的程序化

过去传统的广告设计一般是将文字、照片和信息进行排版和处理，合理安排艺术和元素的组合，以及丰富广告的色彩和版面这一过程。在计算机还没有出现之前，广告主要由设计者手工制作，通常会有人工和设计工具的成本消耗，而且设计周期较长。随着计算机的出现和网络科技的发展，设计和制作广告变得很容易，通常设计师运用专业的硬件和软件等技术手段就可以显著提升工作效率。但是对于不同的场景和不同的设计内容，依旧需要人工对广告元素进行更改和创新。人工智能的出现，广告设计制作的变革实质上是一种程序化的生产变革，是通过计算机算法和模式的提前设定来完成广告创作的。这种程序化的生产方式，不同于传统的大规模复制，也不同于个性化定制的趋势，而是将二者巧妙结合，实现了规模化和差异化。

广告设计行业中，2017 年阿里巴巴的人工智能设计系统“鲁班”设计了总共四亿张“双十一”的海报，平均每秒可以达到八千张之多。而谷歌的 AlphaGd 也是程序化广告设计的代表，这个人工智能程序由需求分析和规划两个主要部分构成。其中需求分析部分，存在一个存储成千上万设计素材的数据库，素材按照风格和类型分类，为满足客户的各种需求奠定了坚实的基础；而规划部分，程序需要根据不同客户对于字体、图片、颜色和构图四个维度上的需求，进行选择和操作，负责设计出最终广告内容。

（二）广告叙事的自动化

广告叙事就是表达广告创意的内容，一般以故事板的形式直接呈现在影视片段之中，也就是说，广告叙事以“可视剧本”作为广告拍摄的蓝本，让广告拍摄得更加形象、准确和生动。故事板的制作，过去由专门的绘画师来制作，人力成本很高，后来普遍采用电脑软件创建故事板，尤其是具有较大规模的商业公司都采用这种方式，但是电脑软件创建故事板，物力的成本也消耗巨大。随着时代的发展，出现了人工智能绘制的故事板，为广告叙事带来了革命性的改变，人工智能绘制的故事板能够节省绘画师的人力成本以及消耗的物力成本。一位名叫 Yoji Kawamura 的日本学者认为可以用一个制作系统（CFPSS）来进行故事板自动化生产，这种制作系统其实就是一个数据库，它具有关键字句检索功能和镜头图像分类功能，由这个系统制作的内容可以变成商业电影。这种制作系统也是商业电影制作系统，具有选择和回放的功能，可以选择任意的内容来形成故事板，并且按照特定的顺序进行回放。这个系统包括四个主要模块：整体模块，负责系统的核心结构和基本功能；图像经销企业模块，用于处理与图像和企业相关的信息；消费人群模块，专注于了解和分析不同消费者群体的需求和行为；故事类型模块，提供不同种类的故事，包括公司产品故事、消费故事、营销故事和消费者形象故事，以满足不同的营销或娱乐需求。这些模块共同构成了系统，使其能够有效地生成和管理多样化的内容。

（三）广告制作的 3D 化

广告的最终呈现效果就是广告内容经 AR 制作的物化过程而形成的广告作品。简而言之，就是让广告的平面作品能凸显实物，广告的影像作品能成为可听的音频、可观的视频。传统的平面广告制作经历了两个不同的阶段，即传统手工制作平面广告阶段和传统机器制作平面广告阶段。传统手工制作的广告，因为受到技术手段、广告成本、生产效率和周期性等众多因素的影响，内容质量不高；传统机器制作的广告虽然效率比手工制作高很多，但是仍然存在无法立体呈现和个性化缺失等诸多问题。随着时代的发展，广告制作的 3D 打印技术应运而生，与人工智能的结合使传统的广告制作发生了质的改变。3D 打印技术有成本低廉、个性化程度高、制作速度快等优点。美国布朗大学的 Michael Black 教授创立的 Body Labs 3D 建模技术公司，实现了 3D 打印技术和人工智能的完美结合，Michael Black 教授还与 Nervous System 工作室进行合作，在服装推广方面运用 3D 打印技术和人工智能，客户只需站在 Body Labs 的扫描平台上，就可以通过三维扫描获取客户的身体尺码信息，再运用 3D 打印技术便可获得一件 3D 打印的概念服装，让客户在挑选衣服的过程中，只需要考虑服装的款式和风格。2013 年，耐克、阿迪达斯、新百伦等运动品牌就已经涉猎 3D 打印行业进行新产品的研发，可以看出 3D 打印技术是未来发展的必然趋势。影视广告的创作过程相对比较漫长，需要经过策划、拍摄和剪辑等很多流程才能够制作出一部作品，如果技术有所缺失就会导致作品出现视觉与听觉割裂的现象，使观众无法进行互动，从而影响体验感。VR 技术的出现使影视行业发生了翻天覆地的变化，这项技术能够让观众完全沉浸在 360°虚拟的影视环境中，通过 VR 技术不仅能使观众享受视觉和听觉上的体验，而且还有触觉和味觉上的感受。例如，美国一家商场投放的 VR 影视广告，观众可以体验登上太空、触摸野生动物等众多感受；再例如，一家叫作 Pop Secret 的爆米花公司推出了一款“Poptopia”的 iOS 游戏，它的特别之处就是会附带一个有爆米花香味的手机外设，边玩游戏边出现爆米花的香味，是一款可以让玩家获得味觉体验的手机游戏。

## 三、广告内容管理的变革

从整个广告的流程来说，广告内容管理主要包括信息采集、数据分析和整个过程的监督等环节。过去，广告内容管理已经走过了人力管理阶段和计算机管理阶段，在今天高速发展的信息化时代，广告内容管理的变革将不会止步。

### （一）广告内容收集与分析的实时化

在人力管理阶段，广告内容的收集和分析存在着在时间上的先后顺序，也就是先进行广告内容的收集，再对收集的内容进行分析，分析过程往往会受到收集时间延长的影响。在计算机管理阶段，不再受限于人工的影响，在计算机的辅助下可以有效地对广告内容进行统计，但是仍然没有改变收集和分析在时间上的先后关系。在今天高速发展的信息化时代，虽然数据由于随处可见而遭到了一定的贬值，但是对数据进行实时分析和处理仍然是广告营销决策的重要手段。流处理技术逐渐被更多的公司所运用，这种技术颠覆了过去广告内容管理的模式，能够实现快速、实时、同步地进行数据的收集、分析和处理，Chinapex 公司就利用了这种数据收集和分析的流处理技术，基本操作是先将代码安置在酒店的官网或服务网站上，实时接收客户浏览网站时留下的个人信息和留言，并储存到该酒店的数据管理系统中，再经过分析和处理实现对客户信息的合理利用。

### （二）广告内容存储的云端化

在对广告内容进行分析和处理之前，必须先对广告内容进行存储。对于广告内容的存储过去也分为人力管理阶段和计算机管理阶段，人力管理阶段的缺点是不方便查找和保存，因为数据的存储主要运用具体有形的文件袋和文件柜等工具。而在计算机管理阶段，计算机的检索和保存功能大幅提高，虽然分析和处理的效率大幅提高，但是由于业务的急剧增加，中小型的广告公司仍面临着许许多多的技术和成本问题，例如计算机硬盘的容量、技术人员的业务培训和设备设施的占地等问题。到了今天人工智能发展的时代，多数公司对于广告内容的存储都使用了云端化的存储技术。也就是说，数据都存储在无形的云端，取消了设备设施的具体外形。云存储所具有的特点是互联和共享：其一，取消了具体存储数据的有形设备设施，与传统有形设备设施的存储方式相比较而言，云存储是无形自由存在的，它不是只存储于公司的云服务器中，而是互通于众多的云服务器中；与传统计算机硬盘的存储方式相比较而言，由于云存储的无形存在，公司不需要额外对相关专业进行学习和维护，因为可以依赖外包服务商和第三方管理平台来解决。其二，许多云端存储的广告内容和数据，是任何企业在计算机和移动终端上都可以进行获取和使用的，避免了多个终端不能维护同一数据和维护数据不相同的缺点。现实生活中，众多大型公司如谷歌、IBM 等都已经实现了数据的云端化存储，并且用户可以随时随地通过浏览器来获取想要查找的数据。其三，实现了数据的互通和共享。无论在人力管理阶段还是计算机管理阶段，对于广告内容的管理，信息的壁垒都是存在的，很难实现多用户和多数据内容的同步化。然而在人工智能时代，企业和公司只需要将数据存储在云端，达成一定的共识就可以共享所有的广告内容，从而打破数据孤立存在的局面，并有可能实现数据的增值。

（三）广告内容分发的个性化

对于广告内容的分发过去同样也分为两个阶段，即传统的统一分发阶段和计算机分别分发阶段，传统的统一分发阶段是集中性地对所有用户进行分发，这种偶然性不能够达到广告内容和用户需求的对接。在计算机分别分发阶段，网络媒体为广告分发的方式提供更多选择的同时，也创造了一个用户可以相互交流的平台。目标群体这一概念便开始出现，用户不再是毫无差别的群体，计算机分别分发的方式通过对所有用户进行分类和有针对性的分析，弥补了传统的统一分发方式的不足，从而实现广告内容和用户需求的对接。到了人工智能时代，个性化分发的方式进一步发展。广告的个性化分发其实就是根据用户提供的信息，结合数据算法向用户进行个性化推荐，更智能的算法甚至可以通过对面部和声音的识别进行多维度的数据分析，从而更加精准地为用户提供个性化定制。广告内容的分发在传统的统一分发阶段是感性的、依靠经验的和无依据的，而计算机分别分发阶段是依据数据和事实进行科学、理性地决策，使广告内容的分发效率迅速得到提高。程序化的购买就是这种模式的代表，例如，亚马逊的推荐系统就是通过收集用户的数据信息，再根据人工智能算法进行分析和推测，有效地向每一位用户提供不同个性化的广告内容。

## 第三节　个性化的广告推荐系统

### 一、个性化广告推荐系统概述

推荐系统中最具代表性的当属个性化广告推荐系统，它是目前互联网广告的重点展示方式，很多的电子商务网站会结合个性化的广告宣传自己的产品。这一点，Alibaba Amazon 公司把数据挖掘和程序算法的应用带到了一个新的高度，他们利用算法分析用户的历史数据，然后再和用户的消费喜好进行对比，猜测并且推荐用户能够最大程度喜欢并且愿意付诸购买行动的产品。

个性化广告推荐系统，从全局的角度来看，就是指使用技术手段实行广告交易或管理的一种方式。从具体的角度来看，就是指通过高效选择网络资源，使用算法和技术准确地区分目标用户，对用户进行精准推荐的一种方式。个性化广告推荐系统可以有效结合用户的评判和活动记录等资料，预估不同的用户对不同的商品产生需要的程度，再利用用户所处的地点、空闲的时间等资料，使用个性化的广告推荐技术给用户推荐浏览可能性最大的广告，以便达到广告投放的最大效益。过去的广告推荐系统过于简单，主要是利用对比用户相同点的方法完成推荐过滤，这些技术在使用时会出现冷启动、维度过高等现象，无法迎合用户的需要和喜好。为了能够排除这些障碍，近几年，个性化广告推荐系统使用了很多重要的技术，比如用户喜好收集技术、个性化广告推荐技术等，这类新技术在某些方面排除了个性化广告推荐过程中存在的障碍，取得了良好的效果。这些技术最终都将应用到移动互联网和广告推荐的范畴中去，将有效提升广告推荐的个性化水平，满足用户的需求，进而提高广告收益。

## 二、推荐系统性能的判定标准

### （一）用户满意度

用户满意度属于推荐系统的关键衡量指标，这项指标能够帮助测评用户对最终所得到的推荐是否满意。用户越是满意这些推荐，就代表着该推荐系统的性能越优。用户满意度获取的渠道包括问卷调查以及用户线上行为监督等。

### （二）覆盖率

系统推荐的商品不应仅限于销量较高的物品和点击量较高的文章，而应该尽最大可能推荐出系统中的全部物品。比如，在亚马逊的所有书籍中，前几百种销量较高的书的销售数量与其余几万种书的销售数量相差无几，亚马逊的工作人员称赞该公司的推荐系统："现在网站上所能够出售的销量不好的书要远多于网站上能够出售的销量靠前的书。"正常情况下，要结合推荐物品与总物品的比值，也就是全部物品中被推荐的概率来计算覆盖率。

### （三）预测准确度

推荐系统需要估计用户的兴趣和行为，以便提供有用的推荐内容。好的推荐系统应该给用户提供真正感兴趣的东西。我们通常通过比较系统提供的推荐和用户的实际行为来评估它的性能。我们通常使用一个叫作“重合率”的指标来衡量推荐系统，重合率就是系统推荐的东西和用户最后真正选择或互动的东西之间的相似程度。如果这个相似程度很高，也就是重合率数值很高，那么这个推荐系统通常被认为是很好的。所以，高重合率通常代表了一个出色的推荐系统，因为它能够更准确地猜测用户的兴趣，给他们推荐他们真正想要的东西。

（四）推荐系统应当解决“冷启动”的难题

推荐系统在运转的初始阶段或者某个客户新进入推荐系统，由于系统数据储备极少，采集到的客户兴趣数据也相对较少，就无法正确地进行推荐，这就是常说的“冷启动”难题。假如系统在运转的初始阶段或者新用户刚参与系统，系统就可以实施正确的推荐，这就表明这项推荐系统的功能较为完善。

（五）推荐系统应当防止过度推荐热门内容的问题

推荐系统往往会超标推荐观看量大以及采购量大的产品，进而出现“两极分化”的问题。一方面，热门内容被不断地推荐，就会让更多的人观看，持续保持热度；另一方面，新的内容由于浏览量较少，就会被推荐系统淡忘。如果推荐系统可以防止超标推荐热门内容，那么就表明这项推荐系统的功能较为完善。

除上述几种常用评价的指标之外，针对不同的推荐系统，还可以使用其他一些“个性化”的评价指标，例如“多样性”（描述推荐系统的推荐结果能否覆盖用户的不同兴趣点）、“新颖性”（描述推荐系统对“新、奇、特”商品的推荐能力）和“惊喜度”（描述推荐结果是否可以给用户带来“惊喜”的感觉）等。

## 三、个性化广告推荐的应用现状

由于个性化广告推荐通过获取用户偏好，利用多种推荐技术为用户推荐广告，使得广告推荐系统具有应用场景多样性的特点，能更好地满足用户的需求，拥有可期的应用前景。以下整理了个性化广告推荐的一些典型应用类型，主要包括传统互联网广告推荐、移动服务广告推荐、数字标牌广告推荐、IPTV广告推荐这四种广告推荐类型。

（一）传统互联网广告推荐

利用网络平台对用户偏好进行追踪、研究，使得在网络平台投放广告相对于报纸、杂志、电视等传播媒体有着得天独厚的优势。PC 端是传统互联网的代表，在 PC 端上投放广告已经成为越来越多广告商的选择。根据广告推荐是否利用社交平台，将传统互联网广告推荐类型分为一般网页广告和社交平台广告。一般网页广告通常根据网页内容、网址链接信息、用户记录等，应用内容获取和分类技术，实现在网页上的广告推荐；社交平台广告则会应用博客、微博等手段，由于社交平台上的访问用户数量巨大，个性化的定向投放就显得尤为重要。社交平台广告虽然针对社交网络用户的行为为其推荐符合其需求的广告，但是没有充分利用社交平台中丰富的社交关系，只侧重于用户在社交平台的行为反馈。

传统互联网广告推荐拥有丰富的可利用的信息，且利用方式非常灵活。但是没有充分利用网络环境带来的数据优势，例如在利用上下文辅助信息和社交关系等方面有待扩展。此外，传统互联网广告推荐还需要注意保护用户的隐私。

（二）移动服务广告推荐

随着移动服务的高速发展和移动用户数量的不断增加，在移动设备上投放广告比传统平台更加迅速高效，交互式宽带移动服务和个性化广告的融合为移动产业创造了新的商业模式，使得在移动设备上投放广告更加便利。因此，越来越多的广告商逐渐将广告投放的重心移向移动平台，如何将新业务带给合适的客户成为移动运营商提供移动服务时面临的主要问题，根据移动服务广告推荐的使用场景，将其分为一般移动广告和移动 App 广告。

移动服务广告推荐与传统互联网广告推荐相比，最主要的区别在于前者打破了空间上的束缚，与用户的交互也更加方便。移动终端凭借其独有的移动性以及对用户相关信息的强大收集能力，能够为移动服务广告推荐提供更多的数据，方便研究人员进一步扩展移动服务广告推荐系统的功能。

（三）数字标牌广告推荐

数字标牌广告推荐是一种在高人流量场所（如电影院、酒店和大型商场）通过大屏幕滚动设备来展示广告，以特定的位置和时间针对特定观众进行滚动播放。即使数字标牌通常用于广告，但也可以与观众互动，例如 Ravnik 团队开发了一种新型数字标牌显示设备，它内置了摄像头和先进的计算机视觉技术，可以用来衡量观众的行为。这个设备可以帮助我们了解观众在标牌前停留多久，以及他们对标牌关注的时间。同时，它还可以帮助我们识别观众的年龄和性别，从而提供有关不同年龄和性别群体的数据。Ravnik 团队的研究表明，采集观众的数据不仅能够用于统计分析和相互显示，还可以用于观察人员建模。

人们在研究数字标牌时，主要关注如何更好地定位广告，以适应不同环境和用户的需求，从而提高广告推荐的准确性。未来，我们还可以研究如何把销售时间、观众数量等因素与广告的效果联系起来，这可以帮助我们更好地理解广告的表现。此外，我们还可以深入研究如何将外部因素如天气和假期等考虑进来，以更好地预测广告的效果，从而提升广告推荐的性能。

（四）IPTV 广告推荐

IPTV 即交互式网络电视，由于数字技术、移动互联网技术、网络通信等技术快速发展，IPTV 逐渐被各大运营商采用。IPTV 以家用电视为主要终端，相比于传统的广播电视媒体有着更强的交互性。有鉴于此，广告商纷纷将目标瞄准 IPTV，在 IPTV 场景下的个性化广告推荐快速发展起来。

IPTV 广告推荐仍有很多提升的机会，我们应该更深入地研究如何利用更多的背景信息来改进推荐系统。此外，在处理问题时，我们需要特别关注两个方面：一是系统在开始时如何有效地推荐，二是当用户数据稀疏时如何提供有用的建议。同时，我们还要确保推荐系统能够适应各种复杂的情境，以便在不同场合下都能提供准确的推荐。

个性化广告推荐的应用场景多集中于传统互联网和移动服务当中，其他场景的应用相对较少。随着 5G 技术的发展，无论是在提高数据传输的效率方面还是在减缓时延方面都有很大的改进，在 5G 技术的助推下，移动服务广告推荐系统拥有相当广阔的应用前景。

## 第四节 跨平台的广告营销

### 一、广告跨界营销的发展现状

（一）品牌跨界已成为当今广告营销的新趋势

随着时代的进步，以“80 后”“90 后”为主的青年群体已成为消费的主体。他们追求个性与时尚，注重品质与体验。因此，众多品牌为了迎合年轻受众，使品牌走向年轻化，便开始寻找合作伙伴，与其他品牌展开跨界合作，通过挖掘年轻人的喜好提高产品的附加价值，进一步提升品牌形象。近两年，品牌跨界已成为广告营销的新趋势，众多新老品牌纷纷展开跨界合作。以年轻品牌锐澳鸡尾酒为例，近两年来锐澳鸡尾酒先后与六神和英雄品牌合作，推出了花露水味和墨水色的鸡尾酒。通过与传统跨界融合，抓住年轻人儿时的回忆，把那些熟悉的味道与锐澳鸡尾酒本身的技术相融合，打造青年人喜爱的新元素。锐澳鸡尾酒的广告跨界营销是一个非常不错的案例，取得了不错的效果，提升了品牌的知名度与影响力。

（二）新媒体平台是广告跨界营销的新途径、好载体

互联网时代的到来使越来越多的品牌开始注重在新媒体上的运营，其中不仅有像美团、淘票票这样的线上互联网品牌，还有像六神、海底捞这样的线下传统品牌。他们纷纷开始运营自身的官微官博，以达到不断迎合目标消费群体的目的。与其他传播媒介相比，互联网广告营销制作成本低、收益高。加上

互联网用户数量庞大、受众传达率高、反馈及时等优势，使得新媒体平台成为众多品牌进行广告营销推广的首选渠道。因此，广告跨界营销也需要借助新媒体平台充分发挥自身优势。例如，大白兔品牌的几次跨界营销都是通过新媒体进行的。近两年，大白兔奶糖先后与美加净品牌跨界推出大白兔奶糖味润唇膏，与快乐柠檬品牌跨界设立线下大白兔奶茶店，与气味图书馆品牌跨界推出大白兔味香水。大白兔展开的这些跨界营销都取得了不错的效果，这离不开大白兔及相关合作品牌前期在互联网的宣传与造势，通过制造话题，引发舆论，引起目标消费者的关注。

## 二、新媒体环境中广告跨界营销的分析

### （一）效果分析

根据日本电通公司针对新媒体环境下消费者行为分析得出的 AISAS 模型（一种消费者行为分析模型），可以看出当今消费者会根据收到的信息主动进行搜索并采取行动，进行分享。广告跨界营销正适用于此，它能够借助新媒体特有的大数据、精准投放等优势，有效地向目标消费者传递营销信息，实现良好的传达率，通过跨界品牌与消费者的关联度引发消费者关注，通过跨界带来的新鲜感吸引消费者，并借助 UGC（用户生产内容）使消费者主动搜集、了解跨界营销信息从而引发购买，同时主动分享跨界营销内容，产生舆论话题，形成口碑。例如，优衣库与 KAWS 品牌第二次跨界合作就给双方品牌带来了新的活力，有利于品牌的年轻化，提高了消费者对品牌的忠诚度。

### （二）不足之处

广告跨界营销的成功源于对跨界品牌充分的分析与认识，不能为了跨界而跨界。如果在广告跨界营销的过程中出现如品牌选择有误、内容整合不佳、消费者分析不足、创意传达失范等问题，就会影响营销信息的传达，甚至给品牌造成不良影响。例如，杜蕾斯与喜茶品牌的跨界就由于品牌选择有误、创意传达失范最终导致营销失败。首先，杜蕾斯和喜茶分别是避孕与

饮料产品，在日常生活中本身就没有关联，这两个品牌不适合进行整合与创意。再加上其广告文案滥用谐音失范，有违伦理道德，最终导致这两个品牌广告跨界营销的失败。

另外，有些跨界品牌在宣传过程中对新媒体平台没有充分利用，导致广告营销前期宣传不及时，影响消费者的传达率，进而影响广告营销效果。另外，也有些品牌跨界没有利用好线上与线下的有机整合，导致线下营销迟于线上宣传，削弱了消费者的购买兴趣。在日后的广告跨界营销中要注意回避这些问题，加强这些方面的整改。

## 三、新媒体环境下广告跨界营销的发展策略

### （一）选准跨界品牌，实现内容最佳整合

跨界品牌的选择直接决定了广告跨界营销的成败。想要选准跨界品牌，一定要在前期进行充分的观察与分析，要在各自的品牌中找到易于整合、能产生创意的差异元素。所选择的跨界品牌要迎合目标消费者，要在选准跨界品牌的基础上实现内容的最佳整合。要保证广告创意积极健康，广告内容符合伦理道德，遵守法律法规。以上这些要点都是品牌在广告跨界营销前必须考虑的，是广告跨界营销的必备要素，只有做到这些，广告跨界营销才能正常运行。

### （二）实现新媒体的线上线下整合营销

广告跨界营销要充分利用新媒体的独特优势，借助新媒体在广告营销全过程中进行信息传播。一般广告跨界营销的过程是先进行线上宣传推广，后在线下进行销售。而新媒体并不局限于线上网络，它也普遍存在于我们的日常生活中。因此，新媒体环境下的广告跨界营销也要做到线上线下的有机整合，要使二者有序进行，合理连接。只有做到真正的广告营销整合，广告跨界营销才会井然有序地进行，达到预期的传播效果。

### （三）挖掘目标消费者，准确定位

目标消费者是广告营销活动的对象，广告跨界营销是针对消费者进行的营销。随着社会的进步和科学技术的快速发展，

消费者的消费行为和消费心理也随之改变。因此，广告跨界营销也应该不断进行市场调查，进行目标消费者分析，挖掘目标消费者的想法，让广告跨界营销的内容迎合消费者的喜好。只有这样才能找到合适的跨界合作品牌，进一步形成广告创意。在广告创意表达上也需要通过挖掘目标消费者，进行准确的广告定位。只有找到跨界品牌之间的诉求点，才能有效地传达品牌跨界的创意。

（四）与时俱进，不断创新

创新是引领发展的关键推动力。社会在不断变化，消费者需求不断演进，科技也在飞速发展。尽管广告跨界营销已经相当成熟，但为了实现长期发展，创新仍然至关重要。在广告跨界营销中，我们必须时刻审视自己，通过创新来不断改进，弥补不足，推动形式和内容的不断发展。因此，品牌跨界合作需要与时俱进，了解最新的行业趋势，密切关注媒体信息。还应该关注社会问题，结合时事热点，以激发出色的创意。只有通过这些方法，才能找到最适合的跨界合作伙伴，孕育出最杰出的创意，从而赢得消费者的青睐。

## 第五节　人工智能与区块链技术的结合

### 一、区块链的定义及其技术价值和特征

从广义上来看，区块链是由应用场景、智能合约、激励机制、共识算法、通信网络、数据链路等相关要素共同构成的一种新型技术框架。这个框架引发了新兴产业和生态系统的发展。这个框架有三个特色：第一，使用加密后的链式区块结构，可用于验证储存的数据的完整性和安全性；第二，采用分散式节点共识算法，用于生成和更新数据，可确保去中心化网络的可信性和可靠性；第三，利用自动化的脚本代码来编程和操作数据，实现智能合约的自动执行，从而构建一种全新的分布式计算范式。

（一）去中心化

去中心化是区块链技术的核心特征之一。它对区块链的广泛应用和中介成本的显著降低起到了关键作用。区块链技术，又称为分布式记账技术，与传统的中心化数据存储方式不同，它采用了分布式结构，将数据分散存储在多个小节点上，而非集中在单一的中心化位置。这个核心思想体现了去中心化的理念，具有以下特点：第一，强调信息的本身价值，区块链技术推崇信息的价值，而不依赖于中心化机构的控制或验证；第二，促进信息交换和数据共享，去中心化结构使得信息可以自由交换，数据能够共享，无须经过中介；第三，防止单一控制，区块链技术可确保数据信息不会被单方或中心化机构所垄断或控制，增强了信息的安全性。

（二）高安全性

智能合约在区块链技术领域扮演着极为重要的角色。其主要作用在于保障信息的透明性和高度的安全性。智能合约的特点是，合同内容一旦确定，用户具有知情权但无法自行更改。这是因为合同内容一旦发生变动，系统会更新所有相关文件。每次付款、任务、工作流程或协议都会被详细记录下来。

对于高价值的数据，通常会采用专门的网络和机房进行全方位的安全防护。在这种安全防护下，会建立专门的 API 通道，只有经过身份认证的用户才能够获准访问数据或记录。这种措施确保了数据的机密性和完整性，同时保护了用户的权益。

智能合约通过自动执行合同条款，不仅实现了高度的透明性，还提供了无法篡改的安全性，这使其在区块链技术领域中扮演着关键的角色，特别是在金融、供应链和合同管理等领域的应用中。

（三）高可信度

区块链技术的主要优势之一是减少了多方交易中的中间机构，并建立了可靠的信任机制。区块链技术在保护隐私的同时，通过公开的方式展示数据的读取过程。区块链技术的链式数据公开时几乎不涉及任何额外成本，这大幅降低了节点（通常是分布式网络中的计算机或参与者）的信任成本，节点无须依赖中央权威机构来建立信任，从而有效提高了系统的可信度。

因为维护信任基础是区块链技术的核心职责之一，所以区块链技术在提供高度安全性的同时，也能够满足公开透明的要求，从而使其在金融、供应链、医疗保健等各个领域都具有广泛的应用前景。

## 二、基于区块链技术的广告智能化内容管理模式

在对等网络中，节点之间存在各种可以交换的资源和事物，包括计算能力、存储容量、健康数据、想法、选票以及货币等。区块链技术的作用是高效地促进这些资源和事物的交换。从区块链技术的发展可以分为三个主要阶段：第一阶段为货币阶段，初始阶段的区块链技术应用主要集中在数字货币领域，如比特币，这一阶段强调了区块链技术的分布式记账和安全交易功能，使得去中心化货币成为可能；第二阶段为智能合同阶段，智能合同是自动执行的合同，在这个阶段，区块链技术被广泛用于广告和合同管理，强调了信息的安全性和透明度；第三阶段为行政与司法阶段，这一阶段将区块链技术的应用扩展到行政和司法领域，在行政领域的应用中，区块链技术可以提高信息的透明度和办公的效率，在司法领域使用区块链技术可以确保证据的完整性和可追溯性。

在第二阶段的智能合同阶段，重点关注了区块链技术在广告领域的潜力，体现了区块链技术在提高广告交易的可信度、减少欺诈和提高透明度方面的重要作用。区块链技术的不断发展和创新将继续推动各个领域的变革和发展。

### （一）基于区块链技术的预防欺诈管理模式

基于区块链技术去中心化和分布式的优点，国际广告科技公司 MetaX 与一家软件开发公司合作，共同开发了 adChain 人工智能平台，该平台能够实时记录广告交易和广告活动的数据，而且这些记录是以无中心控制和无法篡改的方式进行管理的。对广告商而言，这一技术创新为他们提供了实时跟踪和验证广

告数据的能力，从而极大地增强了广告交易的透明度，有效地防止了广告欺诈行为的发生。

（二）基于区块链技术的“信任-声誉”管理模式

区块链技术不依赖中介机构，通过构建多方自治的互信共识机制，成功地解决了信任问题。每一件产品在供应链中的移动都具备了防篡改的透明性，这意味着消费者能够轻松地追踪商品的来源，验证商品的真伪。商品的可追溯性和供应链的透明性让消费者对商品有了更强的信任感。时尚品牌 Babyghost 甚至采用区块链技术来讲述他们产品的“故事”，包括展示谁在 T 台上为其担任模特。从这一角度看，区块链不仅仅是建立信任的工具，它还有助于构建品牌声誉。举个例子，一位名叫露西的美国学生通过去中心化社交网络平台长毛象（Mastodon）获取了她对某种药物的可靠信息。有一天，露西登录她的账户，发现时间线上有一条关于合法“智能”药物的信息，声称这种药物可以提高她在学校的表现。虽然这个信息没有提供科学依据，也没有详细描述对使用者健康的影响，但它的陈述非常令人信服，似乎满足了她的需求。通过区块链存储的数据，露西可以进一步搜索并阅读已经使用过该药物的人撰写的报告，并根据这些报告的声誉评分来判断这种药物是否有效和安全。通过这种方式，露西能够更明智地决定是否使用这种药物。这个例子突显了区块链技术在帮助消费者获取可信信息、评估声誉以及做出明智决策方面的潜力。

（三）基于区块链技术的“注意-奖励”管理模式

这种模式的基本管理逻辑是将用户的注意力（网站浏览点击、停留、关注等行为）进行数字货币化，然后根据用户付出注意力的多少进行不同数量的数字货币奖励。在数字营销过程中，区块链技术以一种划算的、透明的和清晰的方式在用户、出版商和广告主等利益相关者之间转移价值。Brave 浏览器就使用了这种管理模式，它将注意力币（Basic Attention Token）嵌入其中，对观看了网站广告或者优质内容的用户进行奖励。同时，依靠广告和优质内容获得用户关注的网站主也会受到系统的奖励。这些奖励都是以注意力币的形式给予，它们都来自商家的广告费投入。综上，区块链技术赋予广告的一个核心价值是在改变了广告信息性质（由非对称性信息转变为对称性信息）的基础上，使得广告内容变得可信可查、有依有据，从而打通了广告产业链各方的信息孤岛，克服了传统的广告内容管理模式随意性和盲目性的弱点。

## 三、基于区块链技术数字广告营销的发展

### （一）重构广告主和广告公司的信任链条

2017 年上半年广告点击的无效流量占比高达 29.6%，传统的监测无效流量的方法主要有两种：一是依赖第三方的监测报告来鉴定投放效果；二是通过深入分析广告各指标数据，排除掺水数据，但排查和分析需要消耗大量的人力、物力、财力。区块链的出现，能够使广告点击数据变得透明，并且摆脱了第三方或许不够客观的数据监测，区块链允许广告主清晰地进行追踪，透彻了解用户点击、观看和转化等信息，并能够通过数据分析广告触达的用户是否为目标用户，数字营销行业中的广告欺诈、流量作假等现象得以解决，企业营销成本大为降低。通过区块链，不仅可以对同一篇文章、同一段视频或同一则广告的受众观看数量和受众停留时间进行精确计算，更关键的是可以实现更公平可信的流量测算，建立信任度高的传播价值评价体系，从而重构广告主和广告公司之间的信任链条。

### （二）建立奖励机制，调动用户积极性

目前，社交网络中的开发人员和内容创作者（PGC）是创作内容和建立社区的核心人群。然而，由于没有足够积极的管理体制，缺乏有效的规则和监管，导致了一系列问题。其中一个问题是回报问题，有时候他们没有得到应有的回报，因为交易价格不够透明，可能会被要求支付高昂的费用。此外，也存在一些滥用问题，一些开发人员可能会利用存在的漏洞以欺诈的手段或不正当的方式获取平台推荐的流量。除此以外，商业定价也缺乏透明度。广告主在社交网络中扮演着重要的角色，

他们通常需要支付高昂的广告费用来获取曝光，但即使用户对广告产生了积极回馈，他们也未必能够获得相应的回报。2018年，出现了智能协议广告，它提供了一种新的方式。智能协议广告允许所有用户使用他们拥有的虚拟货币（VRY）在其他用户的个人页面上投放广告。每个人都可以为自己的数据和资产设定价格，并通过智能协议与他人合作和交易，无论是广告、购物还是投资等。这意味着每个看到广告的用户都有机会获得与他们支付的广告费用相对应的回报。这种方式更加公平和透明，让用户能够分享广告效果带来的好处。

（三）简化交易流程，提升广告效率

工业时代的广告是以智能化广告与定制化广告为主流的形式存在着，传统广告渐渐缺乏优势，由于传播途径逐渐增多，企业也迫切需要更加成功的传播形式和更精准的传播成效。区块链技术能够掌控交易行动的本金，减少金钱与人力的投放，进而提升效率。区域链技术的加密货币技能可以更好地完成内容货币化，也可以给予广告过程更高的准确性，因为全部区块链条存在安全透明性，所以广告主可以轻松地了解哪部分人在观看广告以及受众对象的特点，这让广告主能够在大数据的基础上更准确地进行广告营销，并运用人工智能来展示广告，同时还能够量化用户的注意力。依照 Forrester 解析师的调研，假如把数字广告链条中的中间商去掉，广告平台每付出的千人呈现成本所产生的收入会从 1 美元提高到 5 美元，简而言之，之前品牌要花费 5 美元才能做到的事，现实只需 1 美元就能做成，这就表明遍布在数字广告产业链上的中间商获得了 4 美元的差价。

（四）重塑生产关系，改善利益分配模式

区块链技术不断挑战并颠覆着数字广告营销行业的利益分配模式。传统数字营销，中心化广告平台通过流量和数据来获得巨额广告收入，全球社交平台 Facebook 2017 年第四季度来源于广告业务的营收为 127.79 亿美元，达到其全部营收的 98.5%，在这个利益分配过程中，用户付出时间成本，比如等待广告播放，或者付出金钱直接去除广告，缺乏激励机制的广告观看模式使得用户反感心理增加，而区块链的 Token 激励机制则恰恰鼓励用户主动点击广告并获得收益，用户的抵触心理得以减轻的同时也增加了体验感，注意力消费的收益也能够通过支付平台回归用户，数字营销行业的生产关系借助区块链得以改善。

（五）合法收集用户愿意分享的信息

2018 年 3 月《广告周刊》特别报道：根据 GDPR 法以及各州已有的隐私法，营销广告人在定位消费者的时候，会发现合法地收集用户信息变得越来越难。区块链则通过搭建区块链数据交易平台，广告主直接面对用户收集用户愿意分享的信息，数据维度更加全面，信息更加真实，用户画像也更为清晰和立体，广告主的广告投放效果更好。对用户而言，数据的分享还能够获得奖励，隐私权并未被侵犯。用户、广告主和广告公司三者互相独立，依赖区块链技术进行智能匹配，用户看到想看的广告和内容，广告主实现广告的精准投放，广告公司也从中获取收益，在某种程度上区块链技术帮助用户控制和管理自己的数据从而保证隐私不被侵犯。

## 第六节　典型案例详解

### 一、智能化广告平台的实践案例——广电智能广告平台

（一）案例背景

在电信网、互联网和有线电视网的融合下，广告成为广电行业增加盈利能力的关键。不同于传统广告方式，广电网络的广告投放更加精准和智能，它可以收集与广告相关的数据和要求，然后根据用户的习惯、观看时间和地理位置等因素，精准地投放广告，以最大程度地提升广告效益。

由于高清互动电视业务的普及，增加了各种增值应用、VOD 点播，这些都给广电增加了新的广告营收方式。现在的各

个业务平台，都有着自己完整的一套广告投放流程，而且每个平台的广告投放政策都有很大的不同点，导致广告运营不能进行统一化管理和运营。随着社会经济的发展，会有更多的广告选择在智能终端进行投放，那对广告主也会提出新的要求，如“互联”“精准”等。

（二）智能广告平台与传统广告投放的比较

1. 重新定位角色

现在的社会生活中出现了越来越多的智能终端，广电运营也开始重申市场的中心是用户，用户的体验也将成为广电运营的关键。广告的发展也要有这样的意思，现在的广告有非常多的形式，但依旧没有解决角色的定位问题，广告从设计到投放的中心依旧是广告主的需求，用户根本不能从广告中获得自己想要的信息。这就要求广告必须提升用户的体验，更多地关注用户的感受。产品的服务对象是用户，那广告的中心也应该是用户。如果提高了用户的体验感，那用户对该品牌的信赖感也会得到提高，这样可以避免客户的流失。

2. 从单向投放转向双向互动

传统的广告投放模式是一种单向的、强制性的投放推销，中心是广告主的需求。但智能终端的不断普及，引起了用户和广告主的双向交流沟通，让关键词变成互动，用户更青睐参与感强、话题度高、时效性强、轻量化和社会群体化的传播方式。广告主在传播自己想让用户了解的信息时，采用灵活直接的方式，接受度高的同时还能反馈用户的相关意见。一旦智能终端上的广告不再以传统霸占屏幕的方式出现，而是由用户自由选择，那么用户的体验感就会增强，广告的中心自然而然就变成了用户。

3. 精准营销模式

在大数据和云计算的技术支持下，新出现了一个概念，即精准营销。精准营销是现代网络营销理念的核心之一，立足于精确定位，利用现代信息技术手段创建个性化的顾客服务沟通体系。精准不单单指投放用户喜欢的、感兴趣的内容，而是指更注重投放的方式。例如用户在收看网球比赛，那么页面就会出现和球赛有关商品的购买链接或渠道，用户在观看比赛的同时，可以随时看到广告，想要购买时只需要点入链接或渠道就能完成购物。当比赛足够精彩时，用户的购买欲望就会非常强烈，而方便快捷的购买方式就提供了一站式的商业对接。

4. 全面走向信息化

在移动互联网的持续普及和发展下，广告业一定会出现一次大范围的变革，信息化才是广告的未来。这场变革的对象不单单是互联网广告，也包含所有的其他广告形式，如移动网广告、电视网广告等。社会的高速发展趋势促使了广告的信息化发展，人们对未来接收信息模式的要求必然是精准、高效。宣传就是广告的作用之一，对人群精准投放感兴趣的信息，一定会让“互联网+”时代下的广告业发生翻天覆地的变化，这种信息化的广告宣传方式，比传统广告模式更有效，具有广阔的发展前景。

5. 文化背景的差异

智能广告平台通常利用算法和数据分析来优化广告投放，但这些算法往往基于大规模数据集，忽视了特定文化和民俗差异。在全球化的市场中，不同地区以及不同民族之间，在人文历史、传统文化、风土人情、宗教信仰等方面存在很大的区别。但是，在广告创作中，却很少有人会对当地的风土人情、民俗习惯进行系统的调查研究。甚至一些广告在图案设计、颜色搭配以及文章用词等方面还涉及某个国家、某个民族的文化禁忌，这就造成了文化之间的争议，从而引来一些不必要的麻烦。传统广告投放在这方面通常更为灵活和深入，因为人工干预的程度更高，可以更好地适应不同的文化和民族背景。

（三）智能广告业务功能

1. 开机广告

机顶盒开机后，立即自动全屏显示开机画面的广告内容，显示完毕后进入开机应用。

2. EPG 广告

当用户对机顶盒进行操作时，在相应的机顶盒操作界面中同步实时显示图文广告，常用的如转台广告、音量条广告、频道列表广告、主菜单广告等。

3. 页面广告

当机顶盒进入主页面或进入栏目页面时，可以指定位置显示，留出专用广告推荐位。

4. 泡泡广告

当用户正在观看直播频道节目时，电视屏幕自动显示泡泡，用户可直接按遥控器确认键进入，浏览更详细的图文和视频广告内容。

5. 互动广告

通过开机广告和点播贴片广告的形式，引导用户扫描屏幕上的二维码参与商品活动，以便用户能够在其他设备上了解更多关于商品的信息。

6. 智能推荐广告

在用户观看直播、VOD的时候，根据用户的习惯、兴趣和购买意向，结合用户正在观看的内容和当前时间，采集用户的行为数据，向用户推荐不同的广告和节目。

7. 跨屏滚动字幕

当用户观看节目时，屏幕上方或下方位置以跑马灯形式滚动显示字幕信息。

8. 公共资讯

当用户观看节目时，自动显示公共资讯，常用于天气预报、紧急通知、财经信息等。

9. 定向业务

针对特定的用户/用户群投放资讯内容，常用于催缴有线电视费等。也适合开展与民生相关的水、电、煤气账单投递业务以及VIP客户贺卡、生日祝福、商场促销等。

10. 节目引导

当用户收看节目时，自动显示其他频道当前播出的精彩节目信息，用户直接按确认键后自动切换到该频道观看节目。

11. 付费挂帘

未订购的用户免费试看一段时间或限定次数付费观看节目后，自动强制显示付费频道的节目介绍、订购资讯以及广告资讯等内容。

12. 双向业务引导

当用户收看节目时，显示其他第三方业务的节目资讯，用户按确认键后引导到该第三方业务，对第三方业务进行宣传，提高业务的点击率、订购率，实现多方共赢。常用的有 VOD 点播引导、数据广播引导、阳光政务引导等。

13. 点播贴片广告

在用户点播 VOD 时，在开始播放节目之前、播放节目的片中、播放完节目后播放一段贴片视频，可以按照影片的不同分类、用户行为播放个性化的贴片内容。

14. 点播操控广告

在用户观看点播（用户自主选择和播放的视频）、时移（录制并在稍后时间观看的节目）、回看（回放之前已播放的节目）节目时，或者当用户进行暂停、快进、快退等操作时，在操作界面显示相应的图文广告。

15. 点播增强广告

当用户观看 VOD 节目、时效节目、回看节目时，电视屏幕自动显示该节目的相关信息（包括演员信息、节目花絮、节目中使用的商品等），用户可直接按遥控器确认键进入，浏览产品更详细的图文和视频内容。

16. 多屏互动广告

在广电的手机 APK、微信电视的打开页面和功能展示页面上，显示多屏广告。用户在观看直播和点播时，通过广电微信公众号的“摇一摇”功能，微信界面会显示广告、优惠券、影片花絮、演员介绍和影片等信息。移动端和电视端界面会显示相同的内容。用户在电视端点击可以进入信息详页参与活动，加强用户和广电公司的互动。

广电智能广告平台可实现广告投放全程监控、多维度数据实时分析、优化投放策略、提升流量价值和广告效果最大化等，为用户提供全流程数据驱动的海量、实时、精准的个性化推荐服务。智能广告平台以重新定位角色、从单向交流转为双向交流、精准营销、走向信息化、深层挖掘用户需求，使广告不再是垃圾，而是真正做到用户为本。智能广告平台是“互联网+”时代广电创新盈利模式的全新探索。

## 二、基于人工智能的搜索引擎广告

### （一）搜索引擎广告的特点

在付费搜索引擎领域，关键词广告被视为主要因素，企业非常喜欢关键词广告这种形式。在这种广告中，竞价排名的方式非常关键，其特征决定了广告效果和曝光度。以下是关键词广告的几个特征。

#### 1. 以关键词为核心

近年来，搜索引擎广告发展迅猛，其广告效果得到了众多企业的认可。企业通过网络平台能够建立企业品牌形象。在搜索引擎广告中，关键词被视为核心要素。企业可以根据自身兴趣和需求，将喜欢的关键词作为搜索项，关键词被搜索后，用户界面会迅速进入相关的企业宣传页面。这种简单而直接的关键词搜索方式，满足了用户的搜索自主性，更贴合互联网时代用户主导营销观念的准则。

#### 2. 竞价排名

竞价排名具有高性价比，是搜索引擎关键词广告的主要特征。在这种模式下，广告无须用户点击即可曝光，因此企业无须支付费用。相较于传统的在线广告，千人成本（Cost Per Mille，缩写 CPM）方式更符合企业的利益，降低了网络扩张成本，使企业能够更灵活地运用网络营销策略。需要注意的是，当前 Google 关键词广告并没有最低消费限制。若没有特定的点击费用，推广信息可能无法在搜索目录中显示。

#### 3. 广告预算可控

企业无须担心选择热门关键词会增加广告预算，也不必担心由于额外原因而超出广告营销预算。企业可以根据每日或每月的广告预算自主设置搜索引擎广告的点击成本，这种费用控制非常容易调整，为企业广告营销提供了便利，使其能够轻松管理营销支出。

4. 关键词广告制作成本较低

关键词广告可以分为五种类型，即企业广告、大众广告、竞价排名广告、语句广告及搜索广告。

在关键词竞价方式中，广告主通常使用具体关键词，包括用题目、纲要信息和网址等元素来制作关键词广告。与其他广告形式相比，关键词广告无须复杂的策划和创作，降低了广告制作的成本。因此，各种规模和类型的企业、电商或个人都能够便捷地利用关键词广告的形式进行推广。

5. 广告信息出现的位置可以选择

在深入分析市场竞争的核心层面的基础上，通过制定与点击价格相关的规范，对所有关键词进行整合，可以提前预测广告推广的定位。这样的做法有助于避免落入普通网络广告盲目跟风的陷阱，从而更有效地制定广告策略。广告主可以更加准确地了解市场动态，优化广告投放，确保资金的有效利用，并最大限度地提高广告活动的成功率。通过规范设定和综合分析，广告策略的制定将更具前瞻性，有助于取得竞争优势。

6. 广告信息可以方便地进行调整

用户进行搜索的根本目的是获取全面的相关信息，信息的质量能够满足用户的需求，带来内心的满足感。在搜索结果页面展示的推广信息，包括标题、内容摘要和 URL 链接等，都是用户自行设定的，并且非常便于调整。与此不同，搜索引擎自动检索出的信息是根据其算法原则生成的，用户只能被动接受。如果呈现给用户的界面不符合用户的需求，广告推广也难以取得良好的效果。

上述内容描述了搜索引擎关键词广告的普遍特征。然而，针对不同的搜索引擎，关键词广告又具有各自独有的特征。例如，在百度搜索引擎中，关键词的检索数量对排名有较大的影响，因此排名在搜索结果中具备重要的参考价值，这也为广告主提供了选择关键词的依据。总之，针对搜索引擎的关键词推广方式，当前的搜索算法在广告推广中具有显著的影响力。同时，网络营销形式正以迅猛的速度不断发展，这是每一位企业和市场的管理者都需要深入研究的重要议题，以便更好地适应并利用不断变化的网络营销环境。

（二）搜索引擎关键词广告投放的策略

制定关键词广告计划和投放关键词广告，需要综合考虑以下基本问题：确定哪些关键词适合投放广告，选择合适的搜索引擎平台，设计吸引人的广告内容和相关落地页，有效管理广告预算以及持续优化广告效果。这些步骤都是为了确保广告达到预期的市场营销目标，达到预期的可见性，形成良好的转化率。

1. 在网站运营的不同阶段投放关键词广告

关键词广告的特点之一是其灵活性和方便性。它可以在任何时候投放，且几乎可以将任何一个网页作为广告的登录页面。因此，关键词广告策略在网站推广运营的不同阶段都具有重要价值，包括网站推广初期、新产品发布、市场竞争、自然搜索、页面推广等不同阶段。无论处于何种阶段，关键词广告都能够迅速提升品牌知名度、吸引目标流量，并帮助实现营销目标。

2. 搜索引擎广告平台的选择

假如广告预算充足，可以选择将所有的广告在同一时间投放，这是因为搜索引擎的用户群体具有不同的特点。如果你希望广告内容能尽可能多地让用户看到，你可以选择组合不同的搜索引擎。如果用户群体的特点正好与某个搜索引擎相吻合，那么单一搜索引擎广告就能取得良好的效果。

3. 关键词组合的选择

一个网站可以将关键词分成三大类，包括核心关键词、关键词组合、语义扩展关键词。其中关键词组合包含核心关键词的短语或者句子，语义扩展关键词包含同义词、否定词以及与警告相关的词等。这些关键词可以从通用性和专用性两个角度来分析。通用性关键词的优点是用户检索量大，选项较多，缺点是转化率不一定高。实践表明，用户转化率较高的往往是专业性较强的关键词或关键词组合。例如，当用户用“产品名称+品牌名称+价格+销售地点”（例如，海尔冰箱卡萨帝对开门冰箱大连销售点价格）之类的关键词组合时，往往意味着他已经形成了初步的产品购买意向。因此关键词不是范围越大越好，合适的关键词或关键词组合需要营销人员对产品特征和用户检索行为的特点非常了解，并具有一定的经验。这时，营销人员也可以借助搜索引擎服务商提供的一些数据和工具进行分析，例如可以借助百度和Google提供的相关检索资料等，这样可减少无效点击的用户数量，提高投资收益率。

4. 广告文案及广告落地页的设计

在选择合适的关键词组合后，还应站在用户的角度上设计广告和搜索页面。选择的关键词不要因为搜索引擎服务商了解自己的产品而采用过于技术性的描述，广告的标题形式应以简短易懂为主，广告内容与一般的分类广告类似，通过用户关注有限的广告信息后，点击链接网站获得广告的全部详细内容，最终达到把点击率转化为收益率的效果。如果用户点击广告信息进入网站之后无法获得其需要的信息和服务，那么这个用户很快就会离开，广告费用也就白白浪费了。Google甚至把关键词与落地页的相关性作为评估关键词广告价格的一个指标，由此也可以看出关键词和落地页对提高用户体验、提升广告效果的意义。

5. 关键词广告效果分析与控制

关键词广告是按照点击次数和每次点击价格支付费用，因此每个搜索引擎服务商都会对提供的关键词广告进行展示和对点击量进行统计，否则就不能称为“点击付费”广告了。关键词广告管理后台的各项数据是分析关键词广告的基础，对于各项数据，搜索引擎服务商应有严密的监视机制，例如是否存在针对某个广告的点击量突然增加以及点击是否来自同一个网络地址的重复操作等，最好设有专门的技术检察部门，并对可能存在的点击欺骗进行处理。通过对关键词广告效果的分析和控制，就能及时发现哪些关键词广告点击率过低或异常的情况，并有必要对这些关键词进行调整或更换。

## 三、全息投影技术广告的创新应用

全息投影技术作为一项十分独特的投影形式存在，它可以把事物的全息影像投影为立体的画像，让观看人员有一种置身其中的体验，而且还能够在投影实现后对其实施放大、缩小以及旋转等一系列操作。这种技术十分先进，运用范围也比较广泛。如今人们处在数字化时代，广告行业面临着史无前例的机遇和挑战。全息投影技术是新生的数字传媒技术，被广泛应用在众多领域中，尤其是在广告行业，其应用场景特别丰富。

### （一）全息投影技术的基本原理

全息投影技术形成的方式是在激光技术的基础上完成三维成像，它的基本原理是运用物体产生的全部波长的光线，把这些光线记载到全息记录载体上，之后通过全息记录载体投放一束同样方位的光线，进而完成三维图画的再次呈现。全息投影技术主要分为两个环节：第一个环节是全息记录，第二个环节是全息再建。在全息记录的过程中，需要选择高品质的全息记录载体，比如光致变色材料以及褪色的银板等，之后把物体放在载体的一旁，使用激光束对物体进行照射，让物体直射的光和激光束相互重叠，产生一幅全息图画，这个过程就叫作全息记录。在全息再建的过程中，使用激光束映射全息记录载体，让载体上的全息图像再次呈现，进而完成三维图像的展现。

### （二）全息投影技术广告的特点

1. 增强广告的张力和吸引力

运用全息投影技术，广告能够用更加形象的方式展现在大众面前，以此增加广告的吸引力以及张力。就像在电子商务的网页上，运用全息投影技术展示服装设计的广告，观众能够更直接地认识服装设计以及材质等有关信息。在商场里面时常能够看到商家利用全息投影技术进行广告展示，使广告形象更加生动，吸引消费者前来观赏。

2. 个性化广告宣传

采用全息投影技术进行广告宣传，能够为广告带来更多的创新和丰富的遐想。利用全息投影技术制作出来的广告，能够有效实现个性化的广告宣传。通过电子邮件发送定制的全息广告，能够更完美地为消费人群提供个性化的资讯，从而使广告的关注度得到迅速的提升。

3. 交互体验

使用全息投影技术，广告可以更生动地呈现在观众面前。例如，在购物商场里，商家常常利用全息投影技术来展示广告。这种广告不仅能够显示商品的外观和质量，还可以通过触摸、手势或声音等方式与观众进行互动。也就是说，观众可以通过触摸屏幕、做手势动作或者说话来与广告进行直接交流。这种交互式的广告形式使得观众更容易被吸引，也更容易了解广告的内容。

（三）全息投影技术在广告行业中的市场前景

在数字化时代，消费者对广告的期望不断提高。他们希望广告创意新颖且更具个性化。然而，传统的广告形式常常不能满足这些期望，导致消费者容易对传统广告产生厌烦感。因此，传统广告面临着适应消费者期待的挑战。需要创新和改进以满足现代消费者的需求。

全息投影技术广告充分发挥了高科技的优势，通过生动、立体的呈现方式，创造出引人注目的炫酷效果，使得广告更富生气、更具吸引力。可以预见，全息投影技术在广告行业中的应用前景非常广阔，各大广告公司和企业对这项新兴技术都表现出浓厚的兴趣。目前，全息投影技术已被广泛应用于各个领域，展现了巨大的市场潜力。

# 第五章　人工智能的发展趋势与广告行业的新挑战

## 第一节　数据隐私和安全问题

互联网作为一个强大的互动平台，吸引了大量用户的参与，同时记录并存储着大量用户的数据信息。随着互联网数字设备的普及，个人隐私受到了严重的威胁，大量个人身份信息外泄。杰里米·边沁曾提出“圆形监狱”的理念，意指剥夺一个人的全部隐私是最有效的惩罚方式。

购物网站也会记录人们的购买经历和意愿。换言之，当前人们的行为正处在网络的“监控”之中。对于视频媒体而言，人们的所有浏览行为都可以被记录下来，例如视频网站中的“猜你喜欢”功能，就是在受众留下的数据痕迹的基础上进行推测的。网络视频广告的精准营销以受众数据作为基础和前提，这使得受众隐私成为精准营销过程中无法回避的重要问题。在营销过程中，对受众数据掌握得越全面，广告内容触达受众内在需求的可能性就越高，从而提高营销的精准性。

在当今的信息化时代，个人信息泄露问题日益严重。精准营销与受众隐私保护之间的矛盾将长期存在于广告行业中。对于广告主来说，深入挖掘和分析数据可以提高广告营销的精准度并减少广告费用的开支。然而，从消费者的角度来看，虽然他们与受众匹配到了更符合需求的广告，但他们的隐私也成为被挖掘和利用的对象。在这种情况下，为了保护个人隐私，受众可能倾向于使用虚拟身份登录互联网，并避免留下真实的个人信息，例如性别和年龄等信息。同时，他们可能更倾向于使用无痕浏览模式或用清除浏览记录等手段来尽可能地保护个人隐私信息。然而，这种行为也必然会对精准营销的开展产生一定的影响。因此，在利用用户数据时，在提高营销精准性的同时如何保护用户隐私，是当前亟待解决的问题。

## 第二节　人工智能的局限性

### 一、人工智能在广告行业的局限性

虽然人工智能在某些领域的作用已经胜过人类，例如在数据的分析和计算方面，但并不意味着人工智能就能包揽所有，现实中仍然有很多方面人工智能做不到，这是它的不足，而这些不足让广告人有了表现自己价值的空间。

首先，人类要明白，人工智能仅仅可以模拟人类的思维，并没有思维能力。从计算机科学发展的历史来分析，计算机基本原理遵守逻辑思维基础原则，从第一代到第四代计算机都没有任何改变，这一类计算机都没有形象思维功能，仅能替代人脑的一些抽象思维；第五代计算机突破了这个限制，但也只能模拟个别的形象思维。从人工智能模拟思维的机制分析，过去常遵守两种模式，即联结主义和符号主义。联结主义立足于人类大脑的功能和结构，基本思路是模拟人体脑部的神经元。人工神经元模型最早的问世时间是 1943 年，由沃尔特·皮茨和沃伦·麦卡洛克提出，此后世界各地的相关科研人员都在前人的基础上持续改进和发展。截至目前，联结主义的发展经历了从模拟到计算、从理论到实践的过程，并取得了巨大的成果，像语音识别、深度学习都可以看见联结主义的影子，但联结主义也有明显的缺陷，即它反映的人脑的特点，不是真实的神经网络系统，只是简化、抽象、模拟了一部分人脑形象思维。符号主义是将人脑的思维过程转化成符号的输入、加工、输出过程，计算机则是符号加工系统，它是建立在现代认知心理学的基础上的。符号主义意味着计算机能够对人的认知过程和行为过程进行模拟，因为知识可以用符号表示，还可以进行计算、演绎、表达，所以符号主义所建立的人工智能的基础就是数理逻辑，优势就是提高思维逻辑水平。但人们的情感或念头等心理活动，这一类心理意识无法用物理符号系统表达，这就说明一旦语境发生改变，符号主义将无法正确理解含义，这就是它的不足之处。从人类思维活动的基本条件和前提出发，人工智能目前没有思维能力。人类思维活动的基本条件和前提是社会实践和感觉器官，思维是人脑对来自社会实践的感觉材料进行解析、总结、抽象的处理过程。人类思维活动来源于感觉器官对外面世界的收罗和接触，但人类的社会实践仍然是思维活动的根本源泉。人工智能无法模拟人脑的物质运动过程，仅仅可以模拟人类思维，因为功能具备电子性、物理性、机械性，运动过程则具备心理性、反应性、生理性，二者性质完全不一样。即使社会实践也能被人工智能模拟，但模拟出来的和真实的完全不一样，因为社会实践的主体是人类，而不是人工智能。

其次，通过分析人工智能的实际应用，我们可以明显观察到，在广告领域即使人工智能的逻辑思维模拟取得了显著的成果，人工智能在数据分析和计算方面表现出的高速度和高精确度远远超越了人类的能力；但是，在创造性思维和形象思维的模拟方面，人工智能水平相对较低，特别是在广告创意领域，广告人仍然具备显著优势。尽管现在的网络巨头已成功创建了能够自动生成广告文案的人工智能文案系统，引发了一些取消广告文案职位的讨论，但要创作出非常出色的广告文案，目前的人工智能仍然难以胜任。从思维的角度来看，主要原因在于人工智能缺乏创造性思维和形象思维，而这二者是广告领域的核心专业素养。高水平的广告文案人员通常必须具备出色的创造性思维和形象思维能力。大量的广告创作实践经验表明，如果能够成功地将品牌理念艺术化或形象化地抽象表达，那么这份广告文案将被视为杰出之作。成功的广告文案创作过程与广告人的创造性思维和形象思维密不可分。因此，广告人的社会实践，特别是广告创意实践，是他们的宝贵经验和无法替代的财富，而这是人工智能难以理解的，也是人工智能的一大局限。

广告创意实践不仅推动了广告人思维能力的提升和发展，还为他们的创意思维提供了动力和灵感源泉。因此，我们可以清楚地认识到，推动人工智能广告发展的源泉仍然在于广告人的社会实践，广告人在创造性思维和形象思维方面的独特能力依然不可或缺。

再次，目前的人工智能存在两个主要的不足，使其无法替代广告人在广告创意领域的独特价值。其一，现今的人工智能还无法像人类一样具备意识。这主要是因为机器意识的研究尚未完善，尽管在某些领域取得了一些进展，但机器意识在模拟人类意识方面仍存在很大的限制。其中，最大的挑战之一是如何实现有目的和有意向的心理活动，以及如何表征没有特定目的的心理活动，这些被称为意向性心识和受意识性心识。目前的计算机知识和方法尚无法有效解决这些问题。其二，人工智能还缺乏人类重要的意识能力，如潜意识和自我意识。潜意识是指在我们认知事物时，我们会在不自觉、不察觉的状态下产生模糊的认知，这些认知深藏在我们心灵深处，通常超出我们的意识范围，但在某些条件或情境下可以被唤醒。潜意识包括本能、欲望、冲动等内容，而这些特质显然是人工智能所不具备的。自我意识则涉及我们在实践中对自己的行为或活动进行的认知和反思，它具有特殊的意识形态，包括内省和区分人类自身与外部对象关系的能力。人工智能无法模拟这两个特殊能力，因此无法具备自我意识，也无法进行自我反思，缺乏自觉主动的反应能力。这突显了自我意识在人类中的独特性，而人工智能无法具备这一能力。

总之，广告人在意识方面仍然拥有不可替代的优势。广告人在意识方面拥有独特的优势，这些优势无法被人工智能所替代。在广告运营和传播中，广告人能够对广告的社会意义进行深刻思考，不断改进广告作品和创意文案。广告创意的诞生常常受到潜意识的启发。研究表明，创意的灵感往往涌现于意识和潜意识之间的交互过程中。广告创作者可能会经历一段时间的创作荒期，但潜意识在某一时刻会突然唤醒，为他们带来灵感的火花。广告创意与集体或个体的无意识密切相关。心理学家荣格认为，集体无意识是人类心理的一部分，是代代相传并积淀下来的共同体验，表现为各种心理“原型”。而个体无意识则源自个人的经历，表现为各种情感“情结”。因此，深入分析广告创意作品，我们可以发现其中充满了集体和个体无意识的表达，如对季节变迁、家庭团聚、爱情等的描绘，以及对家庭、母亲、父亲等情感“情结”的体现。这些因素使得广告创意在触动人心、引发共鸣方面具备独特的力量，远远超出了人工智能的能力范围。

值得强调的是，当前的人工智能还存在情感方面的不足。尽管在情感表达和情感识别领域取得了一些进展，但仍然面临两个重要问题。首先，人类对大脑的研究限制了机器情感的深入研究，同时也制约了人工智能情感研究的进展。其次，人工智能在情感控制系统和运行系统方面尚未成熟，情感之间的复杂关系以及多种表现形式使得人工智能难以深入理解情感的运作机制。因此，人工智能情感研究仍然面临伦理以及多样的评估准则等问题，可能导致“情感泛滥”的情况出现，同时也缺乏对此进行约束和控制的机制。

广告人在表达和聚焦人类复杂情感经历方面具有显著的优势，他们常常将丰富的情感内涵融入杰出的广告作品中，尤其是在强调感性情感的广告中，能够触动受众内心深处的情感共鸣，从而取得更佳的效果。而数据算法生成的人工智能广告很难达到这种情感的深度连接，因此无法超越广告人的创作水平。广告人在创作广告作品的情感内涵方面具有独特的优势。他们精心调控情绪，既不过于沉溺也不过于冷漠，达到了适度的平衡。相比之下，人工智能在情感表达方面需要人工的干预和调整，以实现情感的自主和有意识的表达。因此，广告人在广告作品情感表达方面有着明显的优势，能够根据实际需要巧妙地调整情感的快慢节奏、呈现方式、强度和程度，始终坚持情感适度表达的原则。这使得广告作品更具人情味，更贴近受众的情感需求。

## 二、广告业中人工智能发展所面临的挑战

目前，广告业中人工智能发展所面临的挑战有以下几个方面：

首先，广告文案创作是一个充满挑战的领域。虽然机器学习已经使机器能够逐渐自行编写文案和选择图像，还可以根据不同的目标受众生成不同版本的广告，但目前机器生成的作品通常还带有明显的机械痕迹，显得生硬和呆板。与完美的广告语相比，机器生成的广告文案还有一定的差距。

其次，信息安全性是广告业中人工智能发展的主要障碍。目前，人工智能主要通过捕捉消费者的移动信息来进行广告投放。然而，这种信息的收集和使用可能引发隐私问题，涉及用户数据的使用是否符合相关法规，以及是否受到充分的监督和保护等问题。

最后，除了上述挑战外，人工智能的发展也受到一定的限制。人工智能的创新灵感可以分为强人工智能和弱人工智能两种。强人工智能追求的是创造具有推理能力和问题解决能力、拥有自我思维和知觉的智能机器，其思维和推理能力可能与人类相似，也可能完全不同。而弱人工智能则认为无法创造具有真正推理能力和问题解决能力的智能机器，机器不具备确切的智能和自主思维。目前的科研主要集中在弱人工智能领域，并取得了一些成就，而强人工智能的研究则相对滞后。

广告业需要依赖实际和理性的调查数据，但也不能忽视主观、感性的创新和思维。在可预见的未来，人工智能将继续在弱人工智能领域发展，不太可能出现像人类一样思考或超越人类思维的机器。因此，创新的火花不太可能在机器中点燃，灵感的闪耀也不太可能在机器中涌现。

## 第三节　人工智能与人类创造力的关系

### 一、人工智能与人类创造力的关系

人工智能是一门涵盖计算机科学和人工智能学领域的交叉学科，该学科的研究目标是让计算机具备人类智能，从而更好地解决人类面临的各种问题。人类创造力指的是人类在生活、工作、学习等方面所具备的创造能力，人类创造力能够推动人类社会的进步与发展。尽管人工智能与人类创造力在某些方面存在一定的差异，但二者并非相互对立，而是可以相互促进、相互融合。在日常生活中，人工智能已经被广泛应用于各种领域。例如，医疗领域的智能助手可以协助医生进行疾病诊断和治疗决策，自动化生产线可以提高生产效率和产品质量，地图导航软件则能够提供准确的驾车路线规划。这些实际的应用，展示了人工智能在解决人类实际问题方面的潜力。同时，人工智能还可以与人类创造力相互融合，发挥更大的作用。例如，它可以辅助艺术家创作出更加精美的艺术作品，银行可以运用智能识别技术来检测伪造。然而，这些应用依然需要人类的参与和指导，以更好地发挥人工智能的应用效益。

### 二、人工智能和人类创造力的优缺点对比

尽管人工智能在现代社会中扮演着重要的角色，但与人类创造力相比，仍然存在显著的差异。首先，与人类相比，目前的人工智能系统应用领域相对有限。虽然在许多领域，如数据分析、语音识别和自然语言处理等方面取得了一些进展，但在处理高度复杂的问题、进行逻辑推理以及理解人类情感方面，人工智能系统仍然存在一些限制。这些领域需要人类的干预和指导，以推动人工智能的进一步发展。其次，与人类相比，目前的人工智能系统的创造力和创新能力仍然受到一定的限制。在大多数人工智能应用中，系统通常是基于已知数据和规则生

成新结论，还没有达到真正的创造性水平。然而，尽管人工智能目前存在这些局限，但它也具备一些明显的优势。与人类创造力相比，人工智能具有以下优势：首先，它能够处理大规模的数据，快速发现其中的规律和特征，提高生产效率和决策准确性。其次，它能够模拟各种特定的业务流程或个人习惯，有效地解决时间和空间上的浪费。最后，它能够帮助人类处理重复和乏味的任务，减轻了人类的负担，节省了时间和资源。通过充分结合人工智能和人类创造力的优势，可以使人工智能更好地服务于人类，满足人类的需求，为人类提供更多便利和帮助。

### 三、人工智能与人类创造力的未来发展方向

随着人工智能的不断发展和完善，我们正迎来一个充满机遇和挑战的未来。人工智能和人类创造力将在许多领域相互结合，推动社会的发展，并塑造我们的未来。以下是对这一未来发展方向的一些深入思考。

一方面，智能城市的建设尤其需要人工智能和人类创造力的密切合作。智能城市在提高管理效率、可持续发展和提高居民生活质量等方面依赖于各种传感器和数据分析。人工智能系统可以处理大量的城市数据，提供实时的反馈和决策支持。同时，人类创造力在城市规划、设计和社区建设等方面也发挥着关键作用。城市需要建筑师、规划师和社会学家的专业知识，以确保城市的可持续性和宜居性。因此，未来的智能城市将是人工智能和人类创造力紧密合作的产物。再比如，智能无人驾驶汽车是另一个需要人工智能和人类创造力结合的领域。虽然人工智能系统可以处理驾驶过程中的大量数据和感知信息，但人类的编程和干预仍然至关重要。人工智能既需要具备高度复杂的自主决策能力，同时也要考虑到道德和伦理因素，以及不同地区的文化背景和道路规则等，以确保安全驾驶和紧急情况的处理。因此，智能无人驾驶汽车的成功将取决于人工智能和人类创造力的协同工作。

另一方面，人工智能系统本身也在不断进化和发展。未来，人工智能将逐渐拥有自我学习、自我修复和自我改进的能力。这意味着人工智能将能够更好地适应不断变化的环境和需求。它们将具备更高级的推理和决策能力，能够处理更复杂的问题。这将有助于人工智能在医疗诊断、新药研发、环境监测等领域取得更大的突破。

总之，人工智能与人类创造力是相互融合、相互促进的关系。在未来，二者将在智能城市、智能无人驾驶汽车等多领域紧密合作，推动社会的发展和进步。同时，人工智能系统本身也将不断进化，为我们解决更多复杂的问题提供更强大的工具。只有通过充分发挥人工智能和人类创造力的优势，我们才能更好地适应并引领当今社会的发展步伐，为人类带来更多的便利和进步。未来充满了希望，需要我们共同努力，实现更美好的明天。

## 第四节　未来发展趋势和前景展望

### 一、人工智能的发展趋势与广告业的应对

从全局来看，人工智能有三个根本趋势是不容忽视的，它们将深刻影响未来的发展方向。第一个趋势是我们正逐渐从弱人工智能迈向强人工智能。虽然强人工智能是否能够在学术领域实现仍存在争议，但这并不妨碍我们在未来可能的层面上展望它的发展。人类无止境的追求与探索，将推动人工智能领域朝着更高的目标迈进。第二个趋势是我们正从人工智能迈向增强智能。中国工程院院士潘云鹤和中国科学院院士谭铁牛表示，增强智能是人与机器智能的结合，旨在充分利用人类和机器的各自优势，创造出一种新的智能方式。这一趋势要求我们在动态价值判断过程中依赖人类，而在模式化任务中则依赖机器，通过这种合作，产生出更高效的结果。第三个趋势是跨媒体智能。人类智能的特点在于从多种感知方式中获取信息，包括语

言、视觉和听觉等，用于识别、预测、创新、规划和推理。跨媒体智能作为人工智能的基础，目前仍在初级阶段，但它有望成为未来人工智能领域的关键范畴，将不同媒体和感知方式融合起来，实现更全面的智能应用。考虑到上述趋势，广告业需要制定相应策略以迎接未来的挑战。

（一）建立强人工智能的广告与伦理标准

如果我们迈向强人工智能，那么智能计算机将不再是仅仅为人类服务的工具，它可能会拥有与人类相似的智慧，甚至平等的地位。这引发了一个重要的问题，即如何在强人工智能时代减少对人们的潜在影响和威胁。在这一新时代，我们需要制定伦理准则，以确保有思维能力的智能机器的合理使用。这包括将人类的价值观和道德准则转化为可编程的代码和人工智能语言，为有思维的人工智能赋予法律地位和人格权利，甚至可能承认其与人类拥有相似的权利，如人权。同时，我们也需要明确定义强人工智能的使命和职责，这是根本的应对方法。一些已经存在的原则，比如美国作家艾萨克·阿西莫夫在 1942 年提出的三大机器人定律以及其他学者在智能机器伦理学方面的原则，都可以作为制定强人工智能伦理规范的重要参考。

由此，对于制作、运用、管理和生产强人工智能广告的各方，个人的权利、使命和职责也需要明确界定。在出现问题或争议时，相关负责人不仅需要选择适当的应对措施，还需要向社会大众提供合理的解释和说明。这些措施将有助于确保在强人工智能时代，广告行业能够遵守伦理原则，保护人们的权益，并促进技术的良性发展。

（二）实现增强智能广告

增强智能广告有助于发挥人机智能的各自优势，使它们共同协作，相辅相成，从而更有效地实现广告任务。举例来说，在广告活动中，我们可以将复杂的数据采集、存储、计算、解析和分发等任务交给人工智能来完成，而将需要反思性的自我思维、具有文化背景的潜意识思维以及富有创造性的思维和情感心理等属于人类的领域留给广告从业者来实施。这种协作使广告活动的效率得以提高并实现更完美的结果。从另一个角度来看，增强智能广告可以减轻人类大脑的负担，使广告从业者有更多的时间和精力用于高层次的思维和决策。这进一步扩展了人类大脑的潜力。同时，人类大脑的发展也会促进计算机技术的进步，从而推动人工智能的发展。这种相互作用产生了持续的正反馈，促使二者不断进步。与强人工智能相比，增强智能在目前更加实际可行，更容易被接受。

因此，增强智能广告的核心在于充分发挥人工智能和广告从业者的优势，建立良好的合作关系，实现人机共赢的局面。这种协作模式将推动广告行业的创新和发展，为广告活动带来更多的可能性和机会。

（三）探索广告的跨媒体智能宣传

跨媒体智能广告运用语义学来处理信息，使得它能更好地理解、分析、类比和建立各种关联。这种智能技术让广告变得更具洞察力和综合性，使人们能够更深入地理解和感知广告内容。但要注意，跨媒体智能广告并不仅仅是广告在不同媒体上的宣传。首先，它结合了多种感官体验，不仅有视觉和听觉，还包括味觉、嗅觉和触觉等。这种全方位的感官体验是与人类感知相协调的，让人们能够更生动地感受广告内容。其次，跨媒体智能广告根据多感官体验来做出判断、推断和估测。这意味着它可以通过受众的感官反馈来综合分析相关数据，并做出更精确的决策。这样，广告不再仅仅是一种单向传播，而是能够与受众更紧密地互动和沟通。

总之，跨媒体智能广告弥补了广告前端的客户体验和后端的数据分析之间的差距。它让广告传播更加自然、广告运营更加科学。虚拟现实技术有助于实现多感官综合传播，而大数据技术则为数据分析和预测提供了强大支持。因此，将这两种技术有效结合起来是实现跨媒体智能广告传播的关键途径。

## 二、人工智能在广告营销中的应用前景

广告在营销过程中结合人工智能技术，使得广告内容在收

集、存储和分发等过程中的效率都得到了重大提升，目前人工智能俨然已经成为未来广告营销技术的发展趋势，广告营销必然要和人工智能相结合，下面将对此做出分析和解释。

人工智能在广告营销中的作用包括但不限于以下几个方面。

（1）大数据处理。经过对用户大数据的解析，人工智能能够清楚地掌握用户的喜好与消费习惯等信息，在广告投放中能够实现精准投放。

（2）智能推荐。人工智能还能够通过算法推送用户感兴趣的广告，增强了广告投放的准确度并实现个性化推送。

（3）智能投放。通过机器学习与深度学习技术，人工智能能够对广告投放实施战略性完善以及综合管理，最大限度地提升广告营销成效。

未来，人工智能和广告营销的融合将更多地展现在以下几个方面。

（1）可视化广告投放。用户愈发青睐图像与视频等可视化媒体发布的广告，人工智能的使用将更加重视图像及视频广告的投放。

（2）AR/VR 技术。伴随着 AR/VR 技术的广泛运用，未来广告的投放也逐渐深入到 AR/VR 技术范围内，带给广告营销较多的前景。

（3）人机交互的智能广告。人工智能能够运用自然语言处理与机器学习的方式，创造具备人机交互的广告，让用户在利用广告产品的同时能够感受到更为贴心的交互体验。

综上所述，未来广告营销领域将逐渐迎来人工智能技术的广泛应用。随着技术的不断提升，广告投放将更趋于精准化、可视化、个性化和交互化，人工智能与广告营销的融合将开辟全新的发展方向，为人们提供更卓越的广告体验。

## 三、人工智能在广告行业未来发展的基本原则

### （一）国家相关主管部门的统筹与监管

在人工智能领域，一方面，需要制定整体性政策策略，引

领我国人工智能领域的发展，包括人工智能技术研究、应用、产业发展、教育培训以及理论研究等方面。另一方面，必须建立相应的法规和监管制度，以适应人工智能产业的特点和需求。根据《新一代人工智能发展规划》的要求，到 2030 年，需要建立更加健全的人工智能伦理标准、法律法规和政策框架。这些整体性规划和监管机制不仅适用于人工智能领域，还可以应用于人工智能广告行业，如广告内容的著作权使用和用户隐私保护等，以解决相关问题。

（二）广告行业协会的协调与监督

广告行业协会的协调与监督不仅有助于充分发挥广告行业协会的协调、交流和服务职能，推动人工智能广告的稳健发展，还有助于确保人工智能广告接受广告行业协会的监管并遵守相关规定，引导其朝着正确的方向前进。例如，中国广告协会与百度于 2019 年合作创建了人工智能营销英才能力标准系统，并与销博特合作创建了广告规划智能助理平台，这些举措有助于推动广告行业不断创新，为人工智能广告的发展提供支持和指导。

（三）广告经营主体的创新与自律

对于广告经营主体的创新与自律，一方面，在价值观和经济利益的推动下，广告主、广告经营者和广告发布平台等广告从业者积极创新，不断研发更符合受众需求、更具创意并能够带来更高回报的人工智能广告。另一方面，为了实现长期可持续的发展，广告从业者需要加强自律，尽量避免滥用用户数据和侵犯受众的合法权益等不良行为的发生。举例来说，国内互联网巨头百度、阿里巴巴和腾讯等公司都设立了专门的人工智能实验室。此外，2021 年 4 月，一些互联网平台公司，以京东为代表，做出了一系列承诺，包括不非法收集和利用消费者信息，不利用数据优势进行不正当竞争等。

人工智能为广告活动注入了活力，主要体现在广告运营者、广告内容和广告投放三个方面。然而，人工智能在广告领域的应用也面临三个主要难题：第一，是否会抑制广告创意，以及如何避免这种情况；第二，著作权法是否适用于人工智能生成的广告内容，以及如何适用；第三，是否会增加隐私侵犯的风险，以及如何进行有效防范。展望未来，在国家主管部门、广告行业协会以及广告从业者的共同努力下，这三个难题有望得到解决，人工智能广告将迎来蓬勃发展的局面。

# 参考文献


［1］曾光，高栩. 广告学及其理论发展脉络研究［J］. 传媒，2023（7）：87-89.

［2］曹玉瑶. 让广告更有看头：论我国电视剧植入式广告的发展及优化［J］. 声屏世界，2023（1）：86-88.

［3］戴莉娟. 2023广告营销的六大趋势，赢回增长［J］. 现代广告，2023（1）：2.

［4］黄磊，曹雪妍. 2022年广告营销市场趋势解读［J］. 现代广告，2023（5）：5.

［5］姜原欣，陈禹洋，盛铭. 黑龙江省公益广告发展研究（2011—2021）［J］. 声屏世界，2023（1）：83-85.

［6］杨勇. 新媒体下电视广告传播策略变革及创新［J］. 采写编，2022（12）：178-180.

［7］张敏艺，吴子越. 数智时代一流广告专业建设的变革与路径［J］. 国际品牌观察，2022（28）：69-71.

［8］伍振宇. 新媒体时代下传统广告媒体的变革［J］. 老字号品牌营销，2022（8）：95-97.

［9］段淳林，佘睿. 计算赋能　融合创新：2022年智慧传播与计算广告发展论坛［J］. 中国广告，2022（12）：36-42.

［10］麻婷婷，徐卓，郑嘉文，等. 基于智能交互影像的数字媒体广告设计与品牌发展研究［J］. 鞋类工艺与设计，2022，2（18）：18-20.

［11］陈佳欣. 浅析裸眼3D在户外广告中的应用发展［J］. 丝网印刷，2022（14）：30-33.

［12］廖秉宜，张慧慧. 进化与分化：数字广告产业的发展逻辑与创新路径［J］. 当代传播，2022（4）：90-94.

［13］石艺玲. 融媒体背景下广告文案的语言特点和发展方向［J］. 老字号品牌营销，2022（12）：21-23.

［14］黎芷妤，熊强. 智能时代下广告的发展趋势及影响［J］. 老字号品牌营销，2022（11）：15-17.

[15] 刘梦丽. 裸眼 3D 广告的发展现状与趋势 [J]. 产业创新研究, 2022 (7): 76-78.
[16] 罗玉清. 隐私保护对广告产业的重塑与发展探究 [J]. 新闻前哨, 2022 (6): 59-60.
[17] 商超余. 供给和需求: 中国广告产业发展的演进逻辑: 基于资源依赖理论 (RDT) 的分析框架 [J]. 中国广告, 2022 (3): 68-75.
[18] 董浩宇, 郑子涵. 联合国可持续发展目标下女性赋权广告发展研究 [J]. 中国广告, 2022 (3): 60-67.
[19] 田春兰. 新媒体公益广告的特点和发展趋势浅析: 以腾讯平台公益广告为例 [J]. 今传媒, 2022, 30 (7): 14-17.
[20] 李春玲. 破局、重构、升维: 人工智能时代的中国广告产业结构演进 [J]. 商业经济研究, 2022 (15): 180-183.
[21] 黎芷妤, 熊强. 智能时代下广告的发展趋势及影响 [J]. 老字号品牌营销, 2022 (11): 15-17.
[22] 姚瑶. 人工智能背景下广告产业的变革与传统广告公司的数字化转型研究 [J]. 中外企业文化, 2022 (9): 114-116.
[23] 邬盛根, 刘畅. 从媒体到身体: 人工智能时代广告传播的具身性逻辑 [J]. 新闻与传播评论, 2022, 75 (2): 60-68.
[24] 张曼. 论广告创意的内涵及发展趋势 [J]. 财富时代, 2020 (2): 92.
[25] 顾明毅. 计算广告发展对广告学理论的变革 [J]. 国际品牌观察, 2021 (25): 18-19.
[26] 姜智彬. 技术赋能: “十三五” 时期的中国广告行业变革 [J]. 编辑之友, 2021 (1): 44-52.
[27] 唐婉琼. 新媒体时代下传统广告媒体的变革与发展 [J]. 新闻研究导刊, 2020, 11 (18): 184-185.
[28] 冯惠. 5G 时代, 电视广告的变革之道 [J]. 中国广告, 2020 (增刊 2): 126-128.
[29] 何婉莹. 技术赋能: 5G 时代广告传播的变革与发展 [J]. 传播力研究, 2020, 4 (13): 109-110.
[30] 陈闽璐, 柏涛. 融媒体时代短视频广告的变革与创新: 以华为竖屏宣传片《悟空》为例 [J]. 传媒, 2020 (5): 68-69.
[31] 刘瑞琴. VR 技术在广告设计中的表现与深入应用探析 [J]. 科技视界, 2021 (29): 98-100.

［32］夏明锦. VR 虚拟现实技术对传统视频广告制作的影响［J］. 信息与电脑（理论版），2020，32（19）：139-141.
［33］刘斌. 基于 AR 技术的广告营销模式发展探究［J］. 传媒论坛，2020，3（21）：161-162.
［34］朴美善. 虚拟时代 AR 广告的可供性特征探析［J］. 出版广角，2020（5）：80-82.
［35］刘曼婷. 智媒时代信息流广告传播模式分析［J］. 西部广播电视，2023，44（2）：31-33.
［36］傅文杰，库小伟. 人机交互设计原则在 H5 广告传播中应用［J］. 互联网周刊，2023（1）：52-54.
［37］廖春娥. 浅析虚拟现实技术在广告设计中的表现与应用［J］. 鞋类工艺与设计，2023，3（2）：27-29.
［38］韩为. 基于视觉传达技术的广告设计系统设计［J］. 自动化技术与应用，2022，41（12）：108-111，160.
［39］闫志龙. 新媒体广告伦理失范的表现及对策分析［J］. 西部广播电视，2021，42（21）：85-87.
［40］熊江武，李佳静. 自媒体语境下的广告伦理道德研究［J］. 大众文艺，2021（12）：99-100.
［41］龙睿，胡森. 中西方广告伦理研究综述与展望［J］. 老字号品牌营销，2020（9）：89-90.
［42］杨旦修. 人工智能时代广告产业转型研究［J］. 现代视听，2021（4）：32-37.
［43］秦先普. 智能广告与人才培养［J］. 中国广告，2021（1）：62.
［44］杜骋. 基于人工智能的个性化广告营销系统的实现［J］. 数码世界，2019（6）：57.
［45］李梦娜，刘春侠. 人工智能影响下广告营销的发展探究［J］. 电脑知识与技术，2018，14（30）：196-197，200.
［46］刘俊冉. 区块链风口下数字广告营销的发展［J］. 青年记者，2019（12）：87-88.
［47］马涛，廖熠佳. 广告投放“智”变［J］. 国际品牌观察，2022（9）：20-27.
［48］阴雅婷. 大数据背景下程序化广告的智能投放与价值考量［J］. 中国广告，2021（11）：58-62.
［49］温进浪，张剑. 探析计算广告出现带来的行业变化［J］. 新闻潮，

2020（5）：40-42.
[50] 逯宝峰. 人工智能环境下广告传播的模式创新［J］. 传媒，2019（3）：88-90.
[51] 周立春，张金海. 智能革命与广告产业的要素变迁及代理危机［J］. 新闻爱好者，2022（7）：78-81.
[52] 周明轩. 智能逻辑下信息流广告投放策略及其产生的伦理问题分析［J］. 商展经济，2022（12）：63-65.
[53] 袁建. 广告内容智能化生产的核心内涵、实现路径与负面效应［J］. 传媒观察，2022（5）：84-90.
[54] 鞠宏磊. 大数据时代的精准广告［M］. 北京：人民日报出版社，2015.
[55] 凤凰网 · MadTalk 节目组. 互联网+营销：大数据时代的行业“小报告”［M］. 北京：中国传媒大学出版社，2016.
[56] 杨毅，董大海，宋晓兵. 基于传播视角的广告效果实证研究［J］. 中国工业经济，2005（1）：8.
[57] 胡本勇，彭其渊. 基于广告-研发的供应链合作博弈分析［J］. 管理科学学报，2008，11（2）：65-74.
[58] 莫康孙. 从“电影植入广告”到微电影［J］. 中国广告，2011（8）：41-42.
[59] 薛敏芝. 植入式广告的国际运营及国内发展趋势［J］. 中国广告，2007（9）：6.
[60] 倪宁，金韶. 大数据时代的精准广告及其传播策略：基于场域理论视角［J］. 现代传播（中国传媒大学学报），2014（2）：6.
[61] 金力，石洁. 广告营销策划经典案例分析［M］. 2 版. 北京：北京大学出版社，2014.
[62] 陈培爱. 广告传播学［M］. 厦门：厦门大学出版社，2009.
[63] 王晓华. 广告效果［M］. 北京：高等教育出版社，2012.